1+X课程建设的理论与实践

——基于小学英语学科关键能力

邓黎莉 钱荷琴 / 编著

吉林文史出版社

图书在版编目（CIP）数据

1+X课程建设的理论与实践：基于小学英语学科关键能力 / 邓黎莉，钱荷琴编著. — 长春：吉林文史出版社，2020.7

ISBN 978-7-5472-7023-3

Ⅰ.①1… Ⅱ.①邓… ②钱… Ⅲ.①英语课—课程建设—教学研究—小学 Ⅳ.①G623.312

中国版本图书馆CIP数据核字（2020）第127057号

1+X课程建设的理论与实践：基于小学英语学科关键能力
1+X KECHENG JIANSHE DE LILUN YU SHIJIAN：JIYU XIAOXUE YINGYU XUEKE GUANJIAN NENGLI

著 作 者：邓黎莉 钱荷琴
责任编辑：程 明
封面设计：姜 龙
出版发行：吉林文史出版社有限责任公司
电 话：0431–81629369
地 址：长春市福祉大路5788号
邮 编：130117
网 址：www.jlws.com.cn
印 刷：北京政采印刷服务有限公司
开 本：170mm×240mm 1/16
印 张：11 字 数：198千字
印 次：2022年6月第1版 2022年6月第1次印刷
书 号：ISBN 978-7-5472-7023-3
定 价：45.00元

当前，我国基础教育课程改革进入全面深化阶段，新时代背景下的学校教育正面临着发展学生核心素养、落实立德树人根本任务的重大挑战。核心素养，即学生应具备的适应终身发展和社会发展需要的必备品格与关键能力。研究构建学生发展核心素养体系，既要厘清相关品格、能力等构成要素，也应明确学生在完成不同学段、不同年级、不同学科的学习内容后应该达到的水平。学科能力，作为学生智力、能力与特定学科有机结合的产物，正是其核心素养的关键能力在特定学科中的具体体现。

《义务教育英语课程标准（2011版）》（以下简称《课标》）提出，传统的教育过于依赖教科书的作用，对教科书的理解也是十分狭隘的。在新的基础教育课程体系中，除了教科书以外，还有更加广泛的课程资源。英语学习不仅要求学生大量接触真实、地道的英语，而且要求学生具有使用英语的机会和条件。《课标》进一步提出，通过合理利用和积极开发课程资源，给学生提供贴近生活、贴近时代的，内容健康、丰富的课程资源；积极利用音像、电视、书刊、网络等丰富的教学资源，拓展学生学习和运用英语的渠道；积极鼓励和支持学生主动参与课程资源的开发和利用。

由此可见，英语课程建设既是基础教育改革的需要，更是英语教育教学的需要。因此，开发丰富多样的课程，拓展学生学习英语和使用英语的渠道，是英语课程改革的一个重要措施。

2013年，我们根据小学英语教学的实际需要，申报了常州市课题"扩大阅读量增强学生语感的研究"，边研究边实践，我们努力探索结合学生水平和教材内容的课外阅读的教学策略与方法，并尝试编撰了整套适合小学生阅读的课外英语读物。但受多种因素的影响，阅读材料的编写还不够成熟，课外阅读课程的实施还存在很多问题，老师们在研究与实践中还存在许多问题。虽然课题结题了，但我们并没有结束研究与实践。随着英语学科核心素养的提出及《高中英语新课标》的颁发，我们在2017年又继续申报了市级课题"基于小学英语关键能力1+X课程建设的实践研究"，进一步深入研究了如何基于小学英语教材，以单元为单位，以单元英语关键能力为核心，就课程的框架、选材编排、实施推进、评价反馈等方面做了深入研究，在实践中不断完善，不断改进，不断提升，课题组不但统一了认识，而且探索出一套比较成熟的"单元+"的课程体系和课型范式。

本书是我们课题组经过六年对小学英语课外阅读的思考与实践的结晶。我们的研究成果在我市进行了推广，本区各校进行了实际操作，得到各方面的好评。本书的结构如下：第一章为课程建设的理论部分。这一章站在理论的高度对"1+X课程建设"的概念、内涵、框架、特征做了详细的阐述，特别对于"小学英语关键能力"的认识和基于关键能力进行1+X课程建设的目的与设想做了比较翔实的描述。第二章为1+X课程实施的多模态，包括"1+X"phonics拓展阅读课、1+X读写结合课、"1+X篇"阅读整合课、"1+X组"群文阅读课、"1+X实践"英语活动课等多种课型的建构与呈现。第三章是对1+X课程的实施提出的建议：课程要为英语关键能力的提升架桥，要处理好"教"与"学"的平衡，课程实施教学要以"学习"为中心，课程要让学习真正发生及让评价促进学生发展等在实践中总结提升的真实感悟。第四章收集了实践中比较成熟的1+X精选教案。

本书是常州市级课题"基于小学英语关键能力1+X课程建设的实践研究"的研究成果。在此，我们要感谢课题组各成员的倾情付出，感谢对我们一直关心支持的领导与同行！

由于笔者水平有限，本书难免有一些不足之处，恳请大家批评指正！

邓黎莉　钱荷琴
2019年5月

第三章

1+X 课程的实施建议

第四章

1+X 课程的优秀课例

第一章

基于小学英语学科关键能力的1+X
课程建设的理论构建

　　随着《高中英语课程标准》的发布和英语学科核心素养的提出，学科核心素养中的学科关键能力的概念进入人们的视线。在感到陌生和迷茫的同时，人们也对它充满好奇和探究的欲望。然而，不可否认，现实中我们的英语教学和英语课堂还存在着诸多问题，譬如阅读量不达标、语言能力培养不到位、思维能力培养空缺、文化品质蜻蜓点水……老师们对于如何落实学科关键能力还徘徊在边缘而不得要邻。为了英语学科关键能力的落地，鉴于当前小学生英语阅读量严重不够，结合教材的实际，我们提出并实践"基于小学英语学科关键能力的1+X"的课程建设，并在近三年内进行了不断的实践与完善，取得了很好的效果。

课程建设必须回答的几个基本问题

一、什么是课程

"课程"（curriculum）是个拉丁词汇，它的词源是currere，名词意为"跑道"或者"在跑道上奔跑的四轮马车"，侧重固定的轨迹；动词意为"在跑道上奔跑"，侧重个体化行为和个人体验。作为教育术语的"课程"，最早出现在彼特·拉莫斯（Peter Ramus）的《知识地图》中，用来表示"循序渐进的学习过程"。

1. 国外对"课程"的代表性的表述

在西方教育史上，斯宾塞（H. Spencer）在其名著《什么知识最有价值》中首先提出了"课程"这一术语，并将之概念化为"教育内容的系统组织"。

美国学者奥利弗（Olivier）把"课程"按照从广义到狭义的顺序，列出七种解释：儿童所具有的全部经验；在学校指导下学生所获得的全部经验；由学校提供的全部学程；对某种学程的系统安排；在特定学科领域内所提供的学程；学校中的某项专业教学计划；个体所修习的科目。

美国的经验主义教育论认为，"所谓课程，是指旨在实现教育目标，学校所准备的经验的总合"，强调"经验与活动的教育性组织与计划"。注重学习对象及其内容本身的逻辑和独特意义的课程论，则视"课程"为"系统的知识、知性技能及情意内容的复合物"。1974年，经济合作与开发组织教育研究革新中心倡导包含了教育目标、教育内容、教材、教学活动及评价方式在内的广义的概念，把"课程"界定为包括"显性课程"（overt or manifest curriculum）与"潜在课程"（hidden or latent curriculum）在内赋予学习者的"学习经验的总和"。

2. 国内对"课程"的几种代表性的表述

课程是教学内容及进程的总和。按照一般的理解，"课程"一词指的是学校的教学内容。还有的观点认为，几乎每个课程工作者都有自己的界定，若把各种课程定义加以归类，大致可分为以下六种：

（1）课程即教学科目；

（2）课程即有计划的教学活动；

（3）课程即预期的学习结果；

（4）课程即学习经验；

（5）课程即社会文化的再生产；

（6）课程即社会改造。

中外学者对于课程的定义是非常多的，课程概念具有多样性，比较复杂，无法全部罗列。但在新课程改革背景下，对于广大一线教师，提升课程意识、了解课程本质是非常必要的。

二、课程的本质是什么

课程从一产生，便成为独立存在的事物，具有自己的生命力和发展的历程。在当今的教育改革背景下，课程依然占据着核心和基础地位。那么，构成课程最基本的、最稳定的，一旦失去便不再成为课程的因素是什么？课程的本质是什么呢？

综观课程概念发展史，对课程本质的认识，主要有四种较有代表性的观点：

1. 课程是"学科"

斯宾塞最初把知识的系统组织定为课程的内涵，实质上是确立了课程即知识或系统化的知识的观点。把有价值的知识系统化，形成一定科目或学科，将这些学科的知识传授给学生，以达到教育目标。这种以知识为中心，以学科（科目）为构成形式，重视知识及其逻辑组织的课程，就是我们通常所说的学科课程。赫钦斯（R. Hutchins）、贝斯特（A. Bestor）、费尼克斯（P. Phenix）、席罗（M. Schiro）等人，以及我国不少学者大体上持此观点。

贝斯特认为："课程基本上必须由五种大范围的学科学习组成：a.掌握母语，系统地学习语法、文学和写作；b.数学；c.科学；d.历史；e.外国语。"这种课程本质观，强调学科知识的系统化及其教育进程安排，课程内容的来源主要是人类长期积累的知识，教育的任务就是把经过选择并系统化的知识传递给学生。

2. 课程是"经验"

课程是经验，这种观点主要是在对于"课程是学科（或者教材）"观点的批评和反思基础上形成的。人们发现，将课程看作教材、学科知识，很容易导致过分强调课程本身的严密、完整、系统、权威，却忽视了学生的实际学习体验和学习过程。20世纪20年代，受美国大教育家杜威（J. Deway）的经验主义哲学完形心理学以及改造主义哲学的影响，教育中强调尊重儿童的兴趣需要，发展儿童的个性，主张以儿童的生活经验为课程。这样，儿童中心主义的经验课程兴盛起来。卡斯威尔（H.Z. Caswell）、安德逊（V.E. Anderson）、堪萨斯（Kansas）等人就持此种观点。他们把课程看作学生在教育环境中与教师、材料等相互作用的所有经验。

课程即经验的课程本质观有以下特征：

（1）课程设计重视学习者的兴趣、需要和个性；

（2）课程设计考虑学生个人经验；

（3）课程设计重视教育环境的设计与组织；

（4）课程设计强调学生作为学习主体。

这种观点强调学生个性的全面参与。课程不是凌驾于学生之上的，学生是参与者与组织者。在该课程本质观指导下，学生获得经验的方式是"做中学"（Learn by doing）。与学科课程相比较，该课程观把出发点放到了学生身上，实现了课程本质由"物"到"人"的转变。

3. 课程是"计划"

视课程为"教育计划"或"学习计划"，是20世纪50年代以来较为流行的观点。其主要代表人物有麦克唐纳（J.B. Macdonald）、比彻姆（G.A. Beacham）、斯坦豪斯（L. Stenhouse）等。此计划包含了目标、内容、活动和评价等。课程即教育计划或教学大纲（教学内容），强调课程的计划性、走向课程教学领导的目的性，不涉及教学途径或方式，或学习者在学校指导下遭遇到的所有经验的计划或大纲。由上可以看出，这种课程观只把课程视为不直接与学习者发生作用的"计划"，课程在本质上是"静态的"。

4. 课程是"目标"

课程即目标的中心含义是把课程看作教育者试图达成的一些教育教学目标，或者希望学生通过学习而获得的学习结果。在这种课程本质观的指导下，教育教学目标的选择和制订成为核心任务，然后，围绕教育教学目标选择组织学习经验，并进行教育评价。目标是教育追求的方向和目的，也是评价的标准，该课程观强调教育的目的性，可操作性强。

这种课程本质观的产生也有其历史背景。大约在20世纪20年代，课程成为独立的研究领域。20世纪60年代，强调教育效率和教育控制，把课程视为目的性行为活动便成为自然而然的事。行为主义心理学也为此课程本质观提供了心理依据。其主要代表人物有博比特（F. Bobbit）、泰勒（R.W. Tyler）、加涅（R.M. Gagne）、约翰逊（M. Johnsin）等。这种课程本质观虽然有其缺陷，如过分强调教育的预先计划性而缺乏灵活性，不易照顾到变化了的教育环境及客观要求，但自产生以来，影响极大。当今课程编制中的"目标模式"就是由此演化而来的。

分析以上四种课程本质观可知，它们各有优点，也各有不足。课程即学科知识，有利于课程内容的系统化选择及组织，但容易割裂知识的联系，忽视变化的经验，特别是容易忽视学生的个性；课程即经验，扩大了课程内容的范围，将课程由"静态"变为"动态"，考虑到学生的兴趣、需要，但又难以有效地进行课程组织，教育的目的性、计划性差，不易达成系统的教育效果；课程即计划、目标，强调教育的目的性、计划性，便于课程组织与评价，有利于教育目标的达成，但往往缺乏灵活性，把计划外的教育因素排除在课程之外，从而缩小了课程的范围。

课程由"学科"到"经验"的变化，实质上是课程由强调"教育者"到强调"学习者"的转变；由"经验"到"计划"或"目标"的转变，则反映了课程可控制性和意识性的增强。

综合上述四种课程本质观，笔者认为，相对而言，课程即经验的观点较为合理，但也需要完善，存在局限性。人民教育出版社课程研究室石筠弢在《课程本质》一书中谈到"潜课程"的含义及启示："潜课程的提出，使我们必须重视预先计划好的课程之外的教育性经验对学习者的影响，增强教育的意识性，统一考虑一切可能对学习者产生作用的因素；培育学生，既要采取强迫性、主观性措施，也要采用隐喻式、潜在性方式，利用教育环境感染熏陶学生；要注意教育系统内部课程的统筹优化，也要注意学校内外不同因素的教育作用相互配合。"

她认为课程的本质是学习者在教育者有意识指导下与教育情境相互作用而获得有益经验和身心健全发展的全部教育性活动。该课程本质观具有更大的概括性，更能反映课程实质，更有利于提高教育效果和质量。

三、课程建设的基本问题

早在20世纪中叶，被誉为"现代课程理论之父"的美国教育家拉尔夫·泰勒（Ralph Taylor）就在他的经典著作《课程与教学的基本原理》中提出了课程开发的四个基本问题，开创了课程研究的现代范式。泰勒将课程开发的四个基本问题定为以下内容：①学校应该达到哪些教育目标？②提供哪些教育经验才能够实现这些目标？③怎样才能够有效组织这些教育经验？④我们如何才能够确定这些目标正在得到实现？

由此推论出课程开发的基本流程为以下四个步骤（见图1）。

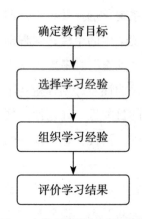

图1　泰勒课程编制过程模式

1. 确定教育目标

泰勒认为制订目标最重要的是选择，需要认真考虑来自学生的研究、当代社会生活的研究以及学科专家的建议等多方面的信息，以选择大量适当的目标，再通过教育哲学和学习理论进行筛选或过滤。当目标确定后，需要一种最有助于选择学习经验和指导教学过程的方式来陈述教育目标，最有效的形式是每一个教育目标都包括"行为"和"内容"两方面，以明确指出教育的职责。

2. 选择学习经验

泰勒认为，学习经验并不等同于一门学科所涉及的内容，也不等同于教师所从事的活动，而是学生与环境中外部条件的相互作用。学生是主动的参与者，而教师的任务则是通过构建情境来控制学习经验。

3. 组织学习经验

泰勒认为，为了使学习经验产生累积效应，必须对它们加以组织，使它们起到相互强化的作用，并提出了三项主要准则：连续性（continuity）、顺序性（sequence）、整合性（integration）。其中，连续性是指直线式地陈述主要课程要素；顺序性强调每一后续经验要以前面的经验为基础，同时对有关内容深入、广泛地进行整合，协调各种学习经验之间的横向关系，以便学生获得一种统一的观点，并把自己的行为与所学的课程内容统一起来。

4. 评价学习结果

泰勒认为，以上过程中已经具有了对初期或中期的评价。评价的目的在于较全面地检验学习经验实际上是否起作用，并指导教师取得所期望的结果。评价过程实质上是一个确定课程与教学实际达到目标的程度的过程，凡是能获得任何有关教育目标所期望的行为的有效证据，都是合适的评价方法。

泰勒原理自产生之日起就发挥了巨大的作用，被公认为里程碑式的课程研究范式，《课程与教学的基本原理》也被誉为"现代课程理论的圣经"，但它毕竟是半个多世纪之前的产物，必然带有鲜明的时代印记。

四、有没有一套科学而完整的课程分析

波斯纳的《课程分析》一书在泰勒原理的基础上，对课程目的、课程内容、课程组织、课程评价等问题都进行了详尽的分析，提出了一个课程分析的大体流程（见图2），并具体拆解出一套科学而完整的"课程分析问题"。

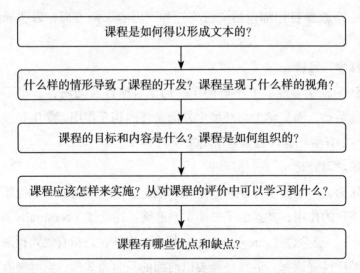

图2　课程分析流程

本书基本上就是以波斯纳的"课程分析问题"为学理依据，来展开论述课程开发过程的。具体如下：

系列一：课程的文本形成和起源

（一）课程是怎样形成文本的

1. 课程分析建立的基础是什么课程，该课程采用什么标准文本，或是有其他什么资料来源？哪些州或国家的课程标准与选择的该课程有关？

2. 对课程和标准文本的分析主要集中在哪个方面？

3. 文本中有什么缺陷？

4. 在课程中体现了什么样的价值观？这些价值观在多大程度上适合本社区？

5. 课程在多大程度上紧随标准？

6. 课程的实施需要什么样的技术？

7. 课程在多大程度上考虑到了学生文化的、种族的或社会的背景？课程在多大程度上考虑了性别的差异？

8. 该课程应采取什么样的变化方式？

9. 如果你们的课程已经实施，什么方式最能体现出为课程变化所做的努力？

（二）什么样的情境引发了这种课程的开发

1.（如果你能发现）谁参与了课程开发？他们的名字和所属的工作单位是

什么？他们在该开发计划中担任了什么角色？在课程开发团队中，谁负责研究学习者、教师、学科和环境？在团队中有没有明显的盲点？

2. 该课程试图回应的社会、经济、政治或教育问题是什么？

3. 什么规划要素决定着该课程的开发过程？

（三）该课程表现的是什么视角

系列二：课程本体

（四）课程的目标和内容是什么

1. 课程哪些方面应用于培训？哪些方面应用于学校教育？

2. 该课程在多大程度上表达了自己的目的？

3. 课程强调的是哪些教育目的和教学目标？它们之间的重要性是如何划分的？

4. 在课程中包含和强调了什么样的学习目标？

5. 课程主要是以什么样的形式把学科知识传递给学生的？

6. 课程在内容上是否考虑到了多元文化教育的内容？采取的是同化主义、多元文化主义，还是社会重建主义者的观点？

7. 怎样判定学生是否已经达到目标？如果判定学生没有能够达到标准的要求，对于学生、教师和学校而言，会有什么结果？如果坚持要达到标准，是否有所影响？

8. 课程是否紧扣标准？课程是否能使学生理解标准所确定的内容和过程？对于学生本质/结构的描写是否与课程和标准保持一致？课程的广度和深度的平衡是否适合于标准？是否每一个话题或活动都依据标准设立？

9. 技术是怎样对该课程的内容产生影响的？

（五）在课程的目的或内容背后所蕴藏的预设是什么

1. 分析的材料背后蕴藏的是什么样的学习、目标、课程和教学的概念？

2. 隐形课程的哪些方面可能会伴随着课程的概念和观点而行？

3. 课程在目标或内容上，可能会在多大程度上扮演支配性的角色？

（六）课程是怎样组织的

1. 课程在宏观的纵向和横向组织上有什么规定（如果有的话）？

2. 在更加微观的水平上，能发现什么样的基本内容结构？

3. 怎样利用各种媒体和技术来传递课程？

4. 课程应用了什么样的组织原则？在课程的组织中，技术是否或能否充当一定的角色？

5. 在课程组织中技术运用的社会或政治意义何在？

6. 课程的组织增加还是减少了技术的运用？

（七）在课程的组织背后有何假设

1. 在课程的组织背后，如果有，有什么认识论上的假设？

2. 在课程的组织背后，如果有，有什么心理学上的假设？

3. 在课程的组织背后，如果有，有什么假设与课程组织相联系？

系列三：课程实施

（八）课程应该怎样来实施

1. 在时间上、物质上、组织上、政治上和法律上，分别对课程有什么要求？

2. 课程变化可能会付出什么代价？带来什么收益？

3. 课程在多大程度上能与教师的态度、理念和能力相一致以及适应教师的态度、理念和能力？

（九）从评价的观点上，你能从课程中学到什么

1. 如果有，该课程提供了什么样的有效数据？在它所提供的数据基础上，能得出哪些可靠的结论？

2. 什么样的标准测试与这门课程有关？该课程与相关的标准化测试的结合程度如何？

3. 该课程提供了什么样的收集数据的工具或建议？这些工具是否公平地对待所有的社会、经济、文化和种族群体？

4. 评价的数据能消除有关该课程的哪些疑虑？考虑一下短期的结果、长期的结果，以及该课程的前身和课程中的相互影响。

5. 在该课程中针对学生评价表明是测试为本的方法还是综合的方法，还是两者兼备？

6. 一种非传统的（或激进的）课程评价可能是什么样子？

系列四：课程评论

（十）你对课程做何评论

1. 该课程的优点和缺点是什么？

2. 如果由你来实施该课程，你会注意哪些方面？

3. 你会对该课程如何调整，以扩大其益处和影响力，控制其弱点和风险？

五、课程建设的视角有哪些

波斯纳认为，要开发一门课程，除了要回应一定的"课程分析问题"之外，还要选择特定的理论视角。选择的理论视角不同，开发出来的课程在组织和实施方面就有很大的区别。波斯纳给我们提供了课程的五种理论视角，五种视角关注的核心问题如下：

1. 传统视角

在我们的文化遗产中，哪些是最重要的、需要保留的精华？

2. 经验主义视角

什么样的经验能够带来个体的健康成长？

3. 学科结构视角

学科知识的结构是什么？

4. 行为主义视角

在课程结束的时候，学习者能够做什么？

5. 建构主义视角

人们如何来理解这个世界，如何能更富有创造性和生成性地来考虑问题？

显然，不同的理论视角，对大脑、教学、课程的认识是不同的。传统的课程将大脑看作一个仓库；建构主义课程将大脑看作一个建筑工地；行为主义课程把教学视为塑造行为的活动；学科结构课程把教学视为将新手导入学者圈的活动；经验主义课程则把教学当成幕后工具，具体帮助和指导学生自己的项目。

课程实施的视角，也因为选择的课程理论的不同，而存在很大的差异。五种课程视角对课程改革的要求如下：

1. 传统视角

学校应该回归基础知识，也就是说，要掌握基本的素养和计算技能，掌握所有受过教育的人都应知道的基本事实和术语，树立一系列构成优秀公民素质的共同价值观。

2. 经验主义视角

学校教育距离学生的兴趣和问题太远，距离他们的日常生活经验太远。应该使学校的教育在功能上与学生的经验有更多的联系，也就是说，少一些人为和虚假的因素，学生们能成为更好的公民。

3. 学科结构视角

在学校的学科和它们起源的学术性学科之间，存在着太大的鸿沟。要利用学科真正基本的观念，使所有年龄段的学生投入到真正的研究中来，从而缩小这种差距。这样，学生既能增加对自己智能的信心，又能发展对范围广泛的现象的理解能力。

4. 行为主义视角

目前存在着太多模糊的关于目标的讨论，而课程建设的许多方法也不系统。需要以非常具体的测量术语说明成功的毕业生能完成的行为，分析这些行为来确定学生需要的预备技能，提供机会让学生来发展这种技能，提供反馈直至精通，然后评价学生的表现。我们有技术来确保所有的学生都精通他们需要知道的内容。我们只需要学习知识的决心。

5. 建构主义视角

学校过于强调机械的学习，没有足够重视真正的理解和思考。课程需要允许学生在他们已有知识的基础上来建构自己的知识，在需要做出决定、解决问题和判断的多种目的的活动中运用知识。

从中可以看出，行为主义课程和传统的课程最适合传统的教室；经验主义课程、学科结构课程和建构主义课程更加关注意义，也就是关注鼓励学生对自己的世界产生意义和真正理解自己现在所做的事情。"基于小学英语学科关键能力的1+X课程"在理论视角的选择上更加倾向于建构主义课程。不过，五种不同视角的课程本身没有优劣之分，它们在学校的存在和实施，受制于多种因素。

19世纪末至20世纪初，美国著名教育家杜威的进步主义教育思想产生，奠定了现代课程的理论基础。杜威认为，学校课程要以儿童活动作为起点，经由教师的不断解释、引导，实现系统的、综合的知识获取。强调学校课程应当从以教师为中心、以系统书本知识和课堂为中心向以学生为中心、以个人直接经验和活动为中心发展。"基于小学英语关键能力的1+X课程"正是基于小学英语国家课程和本地区学生的实际情况，"以学生为中心和活动为中心"的思考与实践的智慧结晶！

基于小学英语关键能力的1+X课程
建设提出的背景

一、课程改革的需要

我国新一轮课程改革已经进行了十多年，该轮课程改革对学校课程建设、学生学习方式等都产生了突破性影响，推动了我国基础教育的发展。随着课程改革的进一步深入、社会的发展等，课程改革中也暴露出了一些相关问题。为了解决这些问题，教育部出台了一系列文件尤其是2014年出台的《教育部关于全面深化课程改革落实立德树人根本任务的意见》和《教育部关于加强和改进普通高中学生综合素质评价的意见》等，为教育教学改革赋予了新时代的内涵和要求。

《义务教育英语课程标准（2011版）》提出，传统的教育过于依赖教科书的作用，对教科书的理解也是十分狭隘的。在新的基础教育课程体系中，除了教科书以外，还有更加广泛的课程资源。英语学习不仅要求学生大量接触真实、地道的英语，而且要求学生具有使用英语的机会和条件。《课标》进一步提出，通过合理利用和积极开发课程资源，给学生提供贴近生活、贴近时代的，内容健康、丰富的课程资源；积极利用音像、电视、书刊、网络等丰富的教学资源，拓展学生学习和运用英语的渠道；积极鼓励和支持学生主动参与课程资源的开发和利用。

由此可见，英语课程建设既是基础教育改革的需要，更是英语教育教学的需要。因此，开发丰富多样的课程，拓展学生学习英语和使用英语的渠道，是英语课程改革的一个重要措施。

二、落实核心素养的需要

"核心素养"这一崭新的概念，首次出现在教育部印发的《教育部关于全面深化课程改革落实立德树人根本任务的意见》这一国家级文件中。这个核心概念成为新一轮课程改革的方向，重构了未来教育的蓝图。核心素养究竟是什么？核心素养是指学生应该具备的适应终身发展和社会发展需要的必备品格和关键能力，突出强调个人修养、社会关爱、家国情怀，更加注重自主发展、合作参与、创新实践。从价值取向上看，它反映了学生终身学习所必需的素养与国家、社会公认的价值观。从指标选取上看，它既注重学科基础，也关注个体适应未来社会和个人终身发展所必备的素养。如此看来，传授知识将不再是教育教学的唯一目的，"人"的素养回归了教育教学的中心，教育教学也会相应地从"知识核心时代"转向"核心素养时代"。教育的转型势必会造成课程与教学的再造，一切知识、资源和教学方式将会围绕着"学生"展开。更加多元的课程体系、更加开放的学习形态将是课堂改革的大势所趋。

三、学生发展的需要

吴刚平指出，知识经济的时代以人为本，凸显人的个性化和创造性发展。校本课程尊重学生的差异性和多样化需求，与这一时代的潮流相吻合。近年来，本地区学生素养逐渐提高，他们的英语学习热情较高，乐说爱说，生活条件相对优越，见多识广，语言丰富，英语口头和书面表达水平较高，接受能力较强，而单一的国家课程已经无法满足本地区学生的发展需求。校本课程凸显"以人为本"的理念，强调的是尊重学生差异，其目标就是让学生得到充分的发展。课程再造、课堂转变，其根本就是要转变教师的教学方式和学生的学习方式。教师要转变以知识和成绩为唯一目标的传统教学理念，形成通过教学教给学生学习方法的新理念。这一新理念把教师的教转变为帮助学生的学，将学生传统单一的接受式学习，转变为教师指导下的自主学习。首先，未来的学生要具有自主做事与独立做事的能力和习惯，成为具有独立精神和健全人格的人。其次，还要学会合作学习，培养善于与人合作共事的能力和习惯，成为具有合作精神的人。再次，还要学会探究性学习，成为具有创新精神和研究能力的人。此外，还要具有实践学习和网络学习的意识和能力以适应社会发展的需要。

转变学生的学习方式是课程再造的根，指向小学英语学科关键能力是教学的本，因此，基于小学英语学科关键能力的1+X课程建设在课程改革之际彰显了它的生命价值。

四、弥补教材不足的需要

目前，英语国家课程存在以下问题：首先，国家课程无法解决地区差异性。虽然现在国家英语课程采用的是一纲多本，但是依然无法适应区域差异性，即使在笔者所在区，各校学生之间英语学习状况的差异也是很大的；其次，国家课程内容不够鲜活。在教材编撰上考虑不够全面，较之原汁原味的英语书籍，很多语言还不够地道，无形中增加了学习的难度；再次，课程实施方式较为呆板。目前，小学英语课堂教学已经模式化，教师教学手段单一，学生对英语课堂兴趣不浓。而校本课程开发能有效解决上述问题，实行教学内容个性化、教学形式趣味化，真正提高英语教学对学生的适应性，从而促进学生个性化的发展。

与此同时，根据语言学习的规律，唯有大量的语言输入才能推进英语学习由量变到质变。因此，进行系统的英语课程建设是众望所归。

基于小学英语关键能力的1+X课程的概念

当前，我国基础教育课程改革进入全面深化阶段，新时代背景下的学校教育正面临着发展学生核心素养、落实立德树人根本任务的重大挑战。核心素养，即学生应具备的适应终身发展和社会发展需要的必备品格与关键能力；研究构建学生发展核心素养体系，既要厘清相关品格、能力等构成要素，也应明确学生在完成不同学段、不同年级、不同学科的学习后应该达到的表现水平。学科能力，作为学生智力、能力与特定学科有机结合的产物，正是核心素养的关键能力在特定学科中的具体体现。可见，学生发展核心素养的关键之一在于提升学科能力，围绕学生核心素养的研究与实践亟待在相应学段的教育教学中构建能够细化落地的能力表现指标体系。

我国基础教育英语课程自第八次课改起，以培养学生的综合语言运用能力为总体目标，力求推动英语教育从"知识本位"向"能力本位"转变，15年来取得了显著成绩，但也暴露出一些问题：传统教学理念尚未得到根本转变，教师关注教仍多于关注学；内容教学多呈碎片化状态，缺乏整合，难以促成学生能力的系统发展；忽视对主题情境的创设和对主题意义的深层探究，导致学生思维培养缺失等。目前，能力导向的教育观在大多数教师的教学实践中仍停留在贴标签式的表层，广大实践者乃至研究者对英语学科能力的理论基础和实践路径的认识尚模糊不清，这些都不利于学生英语学科能力的形成与提升。

为了促进学生关键能力的发展，推动教师教学理念与实践的革新，"基于小学英语关键能力1+X课程建设研究"课题组围绕如何提升小学英语关键能力进行1+X课程建设，开展了多年的理论探索与行动研究，并在部分市区的实验学校实施了"1+X课程"，并就提升学生英语学科关键能力的课程实施进行了改进研究。

一、小学英语关键能力的理论建构

1. 关键能力的概念

关键能力最早是由德国社会教育学家梅腾斯（Mertens）于1974年为了改变德国的职业教育中只注重单一领域的专门知识与技能而忽视综合能力的现状而提出来的。关键能力的概念基于这样的设想，即学习者身上存在这样的能力，它对人生历程的各个方面如职业生涯、个性发展和社会存在都起着关键性的作用。由此，梅腾斯认为，关键能力是那些与一定的专业实际技能不直接相关的知识、技能和能力，它是一种能在不同的场合中做出评判和选择的能力，一种能应对人生中不可预见的各种变化的能力。20世纪90年代，关键能力概念被发展到教育的各个领域，主要表述的是学习者为完成今后不断变化的学习任务而应具有的一种带有综合性质的能力，这一能力与具体的技能和知识没有直接关系，是一种跨界性能力。

2. 英语学科关键能力的概念

学科关键能力是学科能力的有机构成部分，与一般学科能力不同，一般学科能力是指学生在各门学科课程学习中形成的具有跨学科性和各学科共享特征的学科基本能力；学科关键能力是指学生在学科课程的学习过程中形成的具有典型的学科特性、与特定的学科素养相关联的特殊学科能力。英语学科关键能力，指学生在英语课程的学习过程中形成的具有典型的英语学科特性、与英语学科素养相关联的、为完成今后不断变化的语言任务而应具备的一种综合英语能力。

3. 英语学科关键能力的概念

依据以上的定义，笔者认为，英语学科的关键能力不是一项或多项具体的语言知识和语言技能，而是一种独立于它们而又通过它们体现出来的能力。也就是说，英语学科的关键能力不是词汇、语法、听的能力、说的能力、阅读能力与写作能力中的某一个，而是为完成今后不断变化的语言任务而应具备的一种综合能力。有了这种能力，学习者能够适应语言运用中出现的各种不可预见的新情境。但是关键能力又不是一种虚无的概念，它应当涵盖一些具体的能力，而且与学生实际的语言能力共生共存。

那么，英语学科的关键能力的具体表征是怎样的？

现代外语教学理论认为，语言学习过程是输入（阅读、视听）——吸收（思维加工）——输出（说、写）的过程。Krashen 的"输入假设"（Input Hypothesis）和 Swain 的"输出假设"（Output Hypothesis）是二语习得的重要理论。他们认为，所有成功的语言习得都离不开可理解输入（Comprehensible Input，即略高于学习者现有语言技能水平的第二语言输入，而其又能把注意力集中于对意义或信息的理解而不是对形式的理解时，才能产生习得）；可理解输入量越大，第二语言习得就越快、越好；缺乏可理解输入就几乎不能习得。输入假设认为语言习得是学习者对语言输入的理解的结果，对语言输入的理解是语言学习的最基本途径。

总之，信息输入是语言学习的必要条件，信息输出是语言学习的充分条件。信息输入和输出是语言学习的两个终端行为。

英语学习始终包含两个最基本的因素，即语言理解能力（输入性语言能力）和语言表达能力（输出性语言能力）。一方面，输入和输出性语言能力是不可分割的两个部分，彼此有促进作用，同时两者共同作用来完成学习过程。另一方面，思维能力的发展在输入和输出过程中获得，同时也反作用于输出和输入，促进学生的语言理解能力和语言表达能力的提高。三者是一个互动的整体，相互作用又相互支撑。

二、基于小学英语关键能力的1+X课程的定义

笔者提出了基于小学英语学科关键能力的1+X课程，旨在构建以提升小学英语学科关键能力为目标的小学英语课程，努力让英语课堂教学从课文走向课程，从学科教学走向学科教育。

1+X课程，从教学内容上看，"1"定义为教材中一个板块或一个单元，是为让学生掌握一种学习方法，形成某项学习能力而着重教学的基点。"X"是对前面"1"的深化、拓展、补充和提升，既可以是阅读能力的巩固，也可以是习作表达的深化，还可以是英语语言能力的运用。换言之，就是对学生在"1"中获得的方法和形成的能力进行迁移运用和巩固提升。"+"则表示教师为学生能力迁移搭建的桥梁。从教学形式上看，"1"主要是着重教师的教，"X"则着重学生的学，1+X实现了教与学的有机结合，达成了培养学生英语关键能力、提升学生综合素养的教学目标。从教学任务上看，"1"主要是指教师教

什么，引导学生掌握什么学习方法，形成何种学习能力，"X"是指学生学什么，学习能力是否得到提升，学生自身是否有所发展。1+X课程致力于学生英语关键能力的提升，指向培养具有核心素养的人。在教学实践中，笔者提出并构建了1+X读写结合课、"1+1篇"阅读整合课、"1+1组"群文阅读课、"1+1实践"英语活动课等多种类型的课程。

基于小学英语学科关键能力的1+X课程
建设的意义

一、1+X课程让阅读增量

当下，小学英语教学存在的现象，一是，阅读量达不到《课程》标准规定的10～12万字的标准；二是，为了追求学生的阅读量而抛开教材进行大量的课外阅读，这种现象会造成教学的虚假或虚假的阅读。笔者建设的1+X课程，无论是"1+1篇""1+1组"，还是"1+1本"，每一种都让学生的阅读量有显著的提升，并且这种提升是建立在学生掌握学习方法、获得学习能力之后的阅读量提升，故这种阅读增量是在保质的前提下进行的。

在教学实践中，笔者认为，教材中的文本是学生学习的宝贵资源。教材中的文本是语言学习的典范，它既承载着学习语言的功能，又承担着培养英语关键能力的功能，因此，教材中的文本教学不可抛弃，教材不可抛弃。在"1+1篇"中，前一个"1"就是教材中经典的文本，通过教材的教学，让学生习得规范的语言和应有的英语技能，初步掌握英语阅读的方法。后一个"1"是迁移、拓展、应用，是从教材之外选取的与教材文本相关的拓展阅读文本。这种阅读的迁移与拓展，既保障了阅读的量，又保障了阅读的质，最终取得"1+1>2"的阅读效果。

例如，在教学牛津小学英语四年级下册 Unit 7 What's the matter? Story Time阅读板块时，笔者认为本文除了学习语言What's the matter? 及其回答，还需要让学生感知人与人之间的关爱。于是，在学习教材之后，又拓展《Giving Tree》的阅读。学生在阅读中不仅巩固了语言的学习，更从另一个角度体会到人与人要互相关心、互相帮助，不能自私。这比读单篇文章体会更深刻、更全面。

"1+1组"群文阅读，就是一篇带多篇的阅读。这种模式中的前面的"1"以教材中的精读文本为典型课例，后面的"1组"就是指与前面一篇文章相关联的几篇文章。相比单篇文章指向单薄的问题，"1+1组"群文阅读可以将相关的学习素材串联起来，并与生活紧密结合，进而产生有意义的关联和融合，让学生获得最优的学习载体和完整的学习素材。"1+1组"群文阅读课中，前面的"1"保障学生达到领会的程度，后面的"1组"为学生从领会到领悟再到形成能力提供了量的保障和充分的实践机会。"1+1组"群文阅读课极大地提高了学生的阅读量，同时又避免了传统意义上课外阅读"蜻蜓点水""华而不实"的现象。这种群文阅读是学生在掌握前"1"个能力与方法后展开的学习，是有质量保障的阅读数量提升。

例如，牛津小学英语六年级下册 Unit 1 The lion and the mouse（Story Time）的故事是一篇伊索寓言。寓言故事往往一篇故事深含着一个道理。为了让学生能体会英语寓言故事的魅力，笔者教授了教材中的前面的"1"，后面的"1组"笔者选择了《The Fox and Grapes》《The Cock and the Fox》《The Farmer and the Snake》三篇故事，教学中通过阅读类似的故事，让学生感受寓言的语言风格，用后三篇故事对比教材中寓言的学习方法，实现学法的归纳和人文情感的熏陶。阅读了这组文章，学生会深刻地体会伊索寓言的特点，这比阅读一篇单薄的《The Lion and the Mouse》印象更深刻。

如果说"1+1篇"阅读、"1+1组"群文阅读是有质量地提升学生阅读数量，那么"1+1本"读书指导课就指向了学生整本书的阅读。"1+1本"读书指导课中，前面的"1"指的是教材中节选出的一篇经典文本，后面的"1本"是这篇经典文本所在的整本故事。

总之，1+X课程扩大了学生的阅读量，保障了课程标准阅读任务的完成，同时也有效地保障了阅读质量的提升。

二、增强了语用效果

实践证明，活的知识可以转化为人的智慧，因此要让学生所学的知识活起来。让知识活起来就要活在探究体验中、活在实践运用中、活在研究问题和解决问题中。总之，知识要活在应用中。这句话对于英语学习最大的启示就在于，如果要让语用提质就必须让学生在语言实践中学习语言、运用语言。

本书中，笔者提出的基于小学英语关键能力的1+X课程，在定位前一个"1"的教学时注重的是语用目标，指向的是英语关键能力。后一个"1"则更多的是落实学生学习语言、掌握方法后的英语自主学习活动。课型"1+1习作"读写结合中，前一个"1"指向语言理解能力的学习，后一个"1"承接着语言表达的语用实践，这种课有效地提升了英语教学中语用的实效性，为学生的语用学习起到了提质的教学效果。

要让语用在课堂教学中提质增效，就必须有适合的英语实践途径。笔者提出的1+X课程，从不同的方面提出了英语实践的实施路径，有效落实了语用目标。在学校1+X课程实施研讨课上，笔者执教了"1+1篇"阅读整合课，内容是牛津小学英语六年级下册 Unit 6 An interesting country（Story Time）和课外阅读短文《The USA》两篇课文。笔者在学生前置性学习的基础上设计了"为澳大利亚设计宣传片"的学习方式，致力于让学生理解课文从哪些方面介绍澳大利亚，进而抓住澳大利亚的特点，学习文本的表达方法。然后让学生进行迁移学文，放手让学生自主学习《The USA》，也为这个国家设计宣传片。课上学生取得了较好的学习效果。最后，笔者安排了课后作业，要求学生利用周末针对"我们国家有哪些特色"进行查找，然后写一篇小短文进行介绍。这样的课堂教学借助课内到课外的迁移来完成，让学生对课堂上学到的知识进行运用，让知识活了起来。

三、1+X课程让课堂增效

当下的英语课堂教学效率不高，主要表现在教学目标不清，英语教学的主体与非主体区分不明，教师以讲解内容为主，学生没有经历真正的语言学习过程。1+X课程就是基于小学英语教学存在的上述问题而提出的。1+X课程中，前一个"1"重点落实教师的"教"，有效落实单篇文本英语知识和关键能力的教学目标，后一个"1"是指学生沿着这个目标进行的拓展性学习。这就需要教师甄选"X"的内容，选取最能满足学生学习需要的内容，这样的教学改变了传统英语教学目标不清、学习机械浅显等问题。1+X课程为学生学习、能力迁移提供了学习载体，为提高学生素养提供了保障。1+X课程也体现了阅读教学方式的转变，它改变了以往教师一篇篇教的低效弊端，实现了教师教给学生学习的方法，学生得法后进行高质量的有效学习。

例如，在学习牛津小学英语六年级上册 Unit 2 What a day！时，教师根据学生的教材学习了解到，学生不会把一天的生活写得有特点又丰富，体会不到一天的天气、事情的描写要围绕人物的思想感情来写。于是以《What a day！》为前一个"1"，作为教学的基点，抓住课文中因孩子们心情的不同而转换的描述天气的语句，让学生体会这样写的好处；然后把课外阅读材料《A busy day！》作为后一个"1"，讲授突出人物情感的变化为线索的写作方法；最后让学生利用学习到的"突出人物情感"把自己的一天写丰富。这样设计，教学目标非常清晰，可谓一课一得。教学内容的抽取也十分大胆，只抽取了学生学习需要的部分。通过这节课的学习，学生对教学目标掌握得很好。这样的课堂必定是高效的课堂。

基于小学英语学科关键能力的1+X的课程整合的英语课堂，有效地实现了阅读与习作的结合、课内与课外的整合、课堂与生活的融合，为小学英语课堂教学提质增效找到了一条较好的实践路径。同时，这样一种"指向学科关键能力"的课堂真正实现了从"教英语"到"学英语"、从英语学科到英语课程、从学科教学到学科教育的转变。

基于小学英语学科关键能力的1+X的课程以"培养学生英语学科关键能力"为核心目标，课堂教学改革指向学生学习方式的变革和教师教学方式的转变。教师从教知识转向了帮助学生掌握学习方法和提升学习能力。1+X课程既凸显了教材培养学生能力的基础价值，又让学生的能力得到了迁移，提升课堂教学效率的同时，真正发展了学生的学科能力。

四、提升英语教师课程能力

课程的开发是促进教师专业发展、提高自身素质的一条重要途径，教师参与课程的开发之后，必将面临新的教学观念和教学策略的挑战。

本课程的建设主要依据了施瓦布的"实践模式"和斯滕豪斯的"过程模式"，在组建骨干教师课程教师团队后，笔者进行了大量的理论学习，在长期的实践过程中，逐步建构和完善了本课程。这里先介绍一下课程建设的"实践模式"和"过程模式"。

1. 施瓦布的"实践模式"

施瓦布的"实践模式"发起和推动了"走向实践运动"。他强调课程的目的是"实践兴趣",即指向兴趣需要的满足和能力的提高。在实践模式中,课程双方都是实践的主体和创造者,师生双方共同加入课程的开发中去:实践课程模式强调过程与结果、目标与手段的连续统一。课程开发中关注的焦点应该是课程系统诸要素相互作用的过程,特别是要关注学习兴趣和需求。这种课程模式强调运用实践和择宜的艺术,由多方主体参与课程的探究、编制和评价,其中教师和学生是核心,他们不仅直接参与课程开发,而且本身就是课程的构成要素。确切地说,施瓦布主张变革那种"自上而下"的课程模式,确立"自下而上"的模式,决策的基础在地方,体现了课程建设的重心下移,这种开发思想是"课程建设"的基本理念。

2. 斯滕豪斯的"过程模式"

斯滕豪斯提出课程开发的"过程模式",他主张教育目的应该把评价标准界定在教育过程之内,而不是教育过程之外的结果。他提出了"教师即研究者"的口号,倡导教师把教学和教育研究结合起来,在实践中发展教师对自己教学的理解和研究能力,反思自己教育过程中所包含的教育价值,进而改进教学。这种课程模式还提倡教师进行探究性反思,对目的和手段进行综合性反思,对行动的选择过程和实施过程进行反思性自我评价,并在反思中加深对目的的理解。

"实践模式"和"过程模式"均强调自下而上进行课程开发,前者强调在实践中构建课程,后者强调课程开发是一个不断反思和改进的过程。然而,不论是实践模式还是过程模式,都强调教学情境的独特性,课程建设是一个连续、动态和统一的过程,应该因时、因地、因人制宜,教师作为研究者,在学校通过实践和反思推动课程建设的同时,自身专业必然也会不断提升。

第二章

基于小学英语关键能力的1+X课程
实施的多模态

在研究小学英语课程标准的基础上，为了更好地满足学生学习的需要，我们组建了1+X课程，并在实践中建构了以下几种实施类型：1+X读写结合课、"1+X篇"阅读整合课、"1+X组"群文阅读课、"1+X实践"英语活动课。这四种教学实施类型指向学生英语写作能力培养、学生阅读能力提升和学生英语实践运用能力的形成。这些课程实施类型无论从哪一个方面出发，均指向了以学生英语关键能力为主的核心能力培养。本章将从课程实施的多种样态进行讲述，并配有相关的教学案例以供参考。

"1+X" phonics 拓展阅读课

　　"1+X" phonics 拓展阅读课，指学习了教材中关于phonics的知识，通过阅读巩固、运用和拓展phonics的知识，并形成能力。其中的 "1" 指教材中的phonics知识，在牛津英语（译林版）中是Sound Time 板块，它往往介绍一个字母或一个字母组合的发音，或是英语中朗读的重音及升降调等。我们根据教材的这一板块，组建了相关的阅读课程，旨在引导学生在阅读的过程中复习巩固和运用，把相对枯燥的语音知识在有趣的阅读中让学生体验和习得。

【课程内容】

Letters revision and phonics story.

【课程目标】

　　1. 通过游戏、练习等方式巩固26个字母的音和形，并能辨析相似字母，适当复习元音字母的开音节知识。

　　2. 通过学习绘本故事，使学生了解绘本大意和西方圣诞节习俗和相关歌曲。

　　3. 使学生能初步运用phonics拼读规则拼读绘本中的生词。

【设计理念】

　　本课是在一个半月的字母和自然拼读集中教学完之后进行的复习课中的第二课时。本课的教学内容是在第一课时的基础上，继续复习26个字母的音、形，并尝试通过开音节词归纳26个字母的音素音（包括元音字母在开音节中的发音）来进一步复习字母。同时，通过继续阅读Christmas Mouse绘本，尝试借助phonics来拼读生词。另外，还将学习一些字母组合的发音，来拓展phonics学习。最后通过预测故事、自主学习、听说读写，培养学生的综合语用能力。

【学生分析】

经过一个半月的英语学习，学生有了一定的语言积累和拼读意识，绝大部分学生对英语学习兴趣浓厚，他们活泼好动，爱说爱唱，上课发言积极，也喜爱展示自己。学生已经学完了字母Aa到Zz的字母音和音素音，并且掌握了一些与这些字母相关的单词和儿歌。课外阅读词汇量稍大，篇幅较长，对于才接触英语不久的三年级学生有一定难度。教后反馈：故事内容深受学生喜欢，学生乐意读、乐意学。

【课程实施】

Step 1 Warming up

1. Enjoy some letter songs.

2. T: You can sing very well. Do you like singing?

T: Now，let's listen and enjoy a Christmas song.

Q: What is this song about?

3. What do you know about Christmas?

（Learn: Christmas tree/gift/Father Christmas...）

Learn to read.

Father Christmas

Christmas tree

gift

big dinner

...

4. Show the Ss a photo of a Christmas tree and some gift boxes.

T: These gifts are "from Kathy to you".

（Learn: from ... to ...）

Do you like them？ Is it a surprise？

Learn: surprise

设计意图：通过简单的交际，播放英文字母歌曲视频，演唱英文字母歌，营造英语学习氛围，调动学生学习英语的积极性，同时导入话题。通过圣诞歌曲导入课堂主题情境，迅速激活学生已有的知识储备，师生互相熟悉，营造学习氛围。通过情境创设，导入主题关键词：gift、surprise，为后文学习做铺垫。

Step 2 Revision of letters and phonics

1. Open the gift boxes and finish the missions.

T: Now, let's open them and try to find what gifts are in the boxes. OK?

Gift 1: Games

Gift 2: Chant PK among groups

Read and compare some letters and words.

Chants PK.

2. Group work.

Try to find out and conclude the letters according to their vowel sounds.

Ss find out and conclude the rules.

Aa Hh Jj Kk

Ee Bb Cc Dd Gg Pp Tt Vv

Ii Yy

Oo

Uu Qq Ww

/e/ Ff Ll Mm Nn Ss Xx Zz

/a:/ Rr

3. What's on the back of the picture? —It's our picture book "Christmas Mice"！

设计意图：通过打开礼物盒挑战任务，用口头和笔头的方式复习26个字母的音和形，并且通过小组间phonics歌谣PK，复习元音字母开、闭音节发音以及部分辅音字母的音素音。通过chant元音字母开音节歌谣中的单词，将26个含有相同音素的字母归类。通过打开最后一个礼物盒，导入绘本故事。

Step 3 While-reading

1. Review the story.

T: Look! They are our Christmas mice! Do you remember these lovely mice?

（1）Revision Q: What do they prepare for Christmas?

（2）Ss: On Christmas Eve, they deck the house, wrap lots of gifts, trim the tree, put a star on the top, bake yummy goodies! And after doing these, they go out and sing! Read together.

2. Continue the story.

（1）What do they do then?

Now go out in the snow to sing, sing, sing.

（2）What do they sing? Listen and fill in the blanks by using the rules of phonics.

—Now out in the snow to s__ng, s__ng, s__ng.

—M__rry, m__rry! __oy, __oy, __oy!

—Jin__le ____lls! ____ng, ____ng, ____ng!

（3）Read the rest of the story in groups and try to use the rules of phonics to read the new words.

Q: What surprises do they find out in the snow?

（4）Help the Ss to read the new words and sentences.

snow now   paw print   cheese ee/i:/   yum

last: class   father   afternoon

设计意图：通过复习前半部分故事情节，导入后半部分故事。通过听音填字母的方式，将phonics规则运用在情境故事中的单词：sing、merry、joy、jingle、bells、ring。通过小组合作方式，利用自然拼读法，学习生词，巩固运用phonics。通过新授ow字母组合、字母a的长元音/a:/，迁移ee字母组合，运用i和u元音字母闭音节规律等方式自主拼读生词，朗读故事。

Step 4 Post-reading

1. Encourage the students to read and imitate the record.

2. Encourage the students to read in groups.

3. Sum up the story.

（1）Q: What gift do you like best at Christmas? Why?

（2）Sharing is happy.

Cat and Mice are friends, just like Bobby and Sam. They will play together and share happiness together.

4. Exercises

Look! Now they are playing letter games and sharing yummy goodies!

设计意图：通过听录音跟读，能运用所学自然拼读规则正确朗读故事。通过小组朗读故事、同伴互助纠错等方式巩固自然拼读，从而正确流利地朗读故事。通过继续讨论课堂主题gift，说说自己的圣诞节愿望并通过交流升华主题——学会分享和化敌为友。通过笔头练习，用猫和老鼠字母游戏分享饼干的主题情境延续，以进一步巩固复习字母和自然拼读。

Step 5 Homework

1. Read the letters, words and chants.

2. Read the story to your friends or parents.

3. Read more picture books about "Christmas".

培养学生良好的课后听读习惯以及复习习惯。从课内到课外的延伸，培养学生课外自学和拓展学习的意识和能力。

（案例提供：龙城小学 池群；案例指导：段玉裁实验小学 邓黎莉）

1+X读写结合课

1+X课程的理念是"生学为本，师教为助"。本课程是围绕学生展开学习而编排的，课堂教学设计也是为服务学生的学而设计的。为了更好地促进学生学习能力的迁移，进一步巩固由阅读习得的表达方法进而形成核心素养，笔者提出了"1+X习作"读写结合实施途径。

"1+X习作"读写结合课中，前面的"1"具体指的是一篇或一组适合学生学习英语写作的精读文本，教学重点是帮助学生读文习得习作方法；后面的"X习作"指的是从课例中学到写作方法后进行的英语练笔，它既可以是几句话的微写作，也可以是一个片段的描写，或是整篇的习作。这种范式是指向学生语用学习的典范课型。

一、小学英语写作的理论思考

对于小学英语写作，2011年的《英语课程标准》的要求是：能基本正确地使用大小写字母和标点符号；能写出简单的问候语；能根据图片、词语或例句的提示，写出简短的描述。这基本概括了小学英语写作教学所应包含的能力项目。

而目前我们使用的江苏译林版小学英语教材的要求是这样的：四年级下册首次出现完成短篇的写的训练。五六年级，尤其在Checkout time板块中频繁出现look and write、draw and write、think and write、write and say等以"写"为指向的语言活动项目，要求学生通过写的形式来综合运用本单元所学知识。依据《课标》及教材的要求，我们对小学英语语言表达能力做了以下具体的描述：

1. 准确表达信息能力

语言形式上的准确，如语音、语调、书写、语法使用等的准确性，内容和形式的一致性，即正确理解表达任务并根据要表达的语义内容选择正确的语言形式。

表达的得体性是在准确性的基础上引入跨文化交际的元素，是指恰当运用语言文化知识与异文化成员进行有效且得体交际的能力，体现了英语作为外语学习的特殊性。

2. 连贯表达信息能力

连贯表达信息能力，指内容间的相互关联，表现为中心思想明确、语篇结构清楚、内容紧密相关、逻辑合理、语句通顺等；语言形式上的关联衔接，表现为语言衔接手段的使用。

3. 多样表达信息能力

多样表达信息能力，指能够使用多元变化的词汇和语法结构来表达相应内容，指表达内容、呈现方式的丰富性和创造性。

准确表达是基础，连贯表达关注整体意义，多样表达的前提是准确和连贯，否则是错误和零乱的。

表1　能力维度与能力表现的关系表

能力维度	能力表现
准确表达能力	1. 能规范书写，卷面整洁 2. 能准确运用词汇、句型、语法、标点符号等 3. 能基于任务要求，确定相关要点和语篇结构 4. 能基于任务要求选择正确的语言形式，表达得体
连贯表达能力	1. 能关注语篇结构的完整性 2. 能基于主题，合理安排要点 3. 能有效使用衔接语或关联词串联句子
多样表达能力	1. 能运用更为丰富的词汇、句型、语法结构来完成任务 2. 能呈现更为丰富的内容要点

基于以上小学英语语言表达关键能力的描述，我们规定了学段的具体特点：三年级、四年级上学期，主要练习目标是从句子的正确表达到语段比较准确地表达，关注准确表达能力初级指标，书写的规范性和语法词汇等运用的准确性，强调"准确"和"规范"。四年级下学期开展语篇写作，学习如何组织

内容，结构完整；五六年级则是趋近准确表达和连贯表达能力的高级指标，首先是准确性：正确理解任务、提取相应的语言知识；其次是连贯性：关注内容要点之间的逻辑性（先说什么再说什么），能用多种连接词标示起承转合等关系，强调"有序"和"逻辑"；然后是多样性：这更多是一种期待，从"写得对"到"写得好"的提升，给学生更多努力的空间，激发学生思维的"发散"和"创新"。

二、小学英语写作的一般流程

如何把上文描述的小学英语学生写作的关键能力的目标落到实处？如何通过一系列的具体任务，让学生的英语表达能力得到提升？我们做了很多的尝试，现把成果总结如下。

1. 语段写作，强调构句和规范

首先，我们要让学生建立句子的概念，可以通过朗读句子，熟悉句子结构，培养句子语感。句型比文章容易阅读、模仿和记忆。句型的重复使基本的句子结构得以凸显。当某些单词和句子一遍又一遍地被重复，孩子们就记住了它们。

在巩固和检测句子概念阶段，我们主要设置以下变式训练：

A. "连词成句"：ride，we，can，bikes（？）_____.

B. "补全句子"：Let's____ ____ the park.

C. "选择填空"：What ____ ____ do there？ A. can we B. we can等。

D. "仿写练习"：单维度的梯度练习，如："In spring, we can fly kites. We can play _____. We can _____. We _____."

E. "多维度的句子仿写"，如："In spring, it is _____. We can _____. We can _____. We can _____."

F. 模仿性的小语段创造，实行自评和互评。

2. 语篇写作，强调结构和逻辑

高年级的写作多为语篇写作。语篇不是一个语法单位，而是一个语义单位，它由一些意义相关的句子为达到一定的交际目的，通过一定手段连接而成。小学英语写作不应该仅仅是通过写作来复习所学语言知识（write to learn），更应该是一个学习如何表达意义的过程（learn to write）。在高年级要侧重培养学生基于主题意义谋篇布局、连贯表达的能力。首先是谋篇：关注语篇结构的完整性、要点组织的逻辑性、句子串联的连贯性。其次才是模仿创造：将自己的生活经验以及个人知识积累融入写作中，在模仿的基础上进行创造，体现写作的个性化和创造性，实现真实意义表达的目标。

3. 修改评价，强调内化和改进

先给出"好作文"的概念：建立起一个兼具科学性、可理解性、可操作性的评价体系，再自读自改、互读互改。如表2所示：

表2　基于SOLO理论的评价表

Writing Criteria写作标准	Score分值	SOLO等级	表达能力维度
1. On topic.聚焦主题。	1	前结构　单点结构	准确表达信息
2. No mistake.规范准确。	4		
3. Use conjunctions.使用连词。	2	多点结构 关联结构	连贯表达信息
4. Have a beginning & ending.有头有尾。	1		
5. More information.更多信息。	1	关联结构+拓展抽象	多样表达信息
6. Use good sentences.好词好句。	1		
In total 总计	10		

根据以上表格，学生在进行书面表达时，一定要按照每一条，尽力向它靠近，这样写出的英语作文，在结构和用词上一定不会太差。

三、小学英语写作的实践策略

1. 以读促写，读写结合

由于对"听说领先，读写跟上"存在着认识上的误解，认为小学英语学习中"听说"是重点，部分教师对学生关于"写"的训练有忽视的倾向，在课堂上没有教学的过程，更没有给予学生学法的指导，课堂上只关注几个优秀学生；多数教师对"写"的系列要求心中无数，写的训练基本呈现零散、不成体系的状态。这样的教学现状，不仅《新课标》规定的二级技能学生不能达标，更直接影响了学生后续的英语学习。

（1）整体构建写的系列要求

我们把一二级写的技能目标分散到各个年级，从整体上在重点目标和具体目标两个纬度构建了"小学英语写的训练序列建议",并对具体目标达成的策略做了建议性的详细设计,以形成能在教师指导下适合学生掌握的 "拐杖"。详细内容见表3:

表3 三～六年级重点训练项目及要求

年级		重点训练项目	具体训练要求
三年级	三年级上	字母的规范书写和使用;单词的规范书写	能认识四线三格,并在四线格内规范书写字母和单词;能按一定的笔顺正确书写、听写26个字母的大小写,力求写得美观;能正确、规范地抄写单词,能注意单词内部字母之间合适的间距,逐步养成良好的书写习惯
	三年级下	单词的规范书写和拼写;短语、简单句子的规范书写	能正确、规范、美观地书写单词,能听写少量单词;能抄写较简单的短语,能合理安排短语内部单词之间的距离;能抄写简单的句子,注意句子开头字母要大写,句中注意人物姓、名的首字母要大写,一些专有名词的首字母要大写,句末要写标点,能正确书写和运用英文中的逗号、句号和问号;抄写时能注意观察,不添字母,不漏字母,不抄错字母,养成抄写完及时检查的良好习惯
四年级	四年级上	短语的规范书写;简单句子的仿写	能拼写课本上的四会单词;能尝试运用所学单词,替换仿写短语;能根据例句,替换或仿写简单的句子,能正确书写和运用感叹号、连字符、名词所有格和缩写符;注意培养自我检查和修正的习惯
	四年级下	句子的书面运用;简短对话的仿写	能根据提示正确书写课本上需掌握的句子;能正确书写和运用英文中的冒号、引号和省略号;在能模仿说教材中的对话的基础上,仿写简短的对话
五年级	五年级上	简短对话的创编;简单问候语的正确使用	能根据要求用所学的句型结构写句子,并注意句子中拼写、语法等基本正确;能根据文字或图片的提示,结合自己的生活情景,仿写和创编简短对话,注意对话的交际性;能根据情境正确使用简单的问候语;逐步养成自我检查、自我修正的好习惯
	五年级下	对话的创编、简单祝福语的正确使用、小语段的仿写	能根据图片或情境提示,编写出符合情境的对话,使对话有交际性、完整性,注意用词、语法、句子基本正确;能根据不同的节日、对象和情境使用正确的祝福语;能结合教材中的语段,进行有一定语言材料支撑的小语段仿写
六年级	六年级上	小语篇的仿写	能根据要求,编写符合情境、符合书面表达要求的对话;能根据教材上的语篇形式,进行小语篇的仿写,注意语篇的结构和连贯性

年级	重点训练项目	具体训练要求
六年级下	话题式写作	能根据教材单元主题进行话题式写作，能注意内容的完整性和语法的正确性；能力较强的学生，能够尝试进行非控制性的主题写作，能借助教材内容作为语言支撑，汲取生活经历作为写作素材，保证作品内容的真实性、结构的完整性和表达的合理性

（2）读写结合的策略研究

我们在实践、反思中逐渐形成了"四级"螺旋上升的"读写结合"的策略：

一级——仿写，掌握写作体例

牛津小学英语教材文本为学生提供了丰富多样的写作形式，有对话、歌谣、日记、书信等。这些都是很好的写作范例、模版。教师应善于引导学生加以模仿，以便更好地掌握各种写作体例，巩固所学主要词汇及句型。

🔍 案例：

"电话"仿写

"电话用语"的表达有别于一般人物对话，具有一定的特殊性。如5B Unit 2 A telephone call Part A，笔者引导学生加以仿写，例文如下：

A telephone call

A: Hello! May I speak to Zhang Zining?

B: Hello! This is Zhang Zining speaking. Who's that?

A: This is Wang Shiqi.

B: Hi, Wang Shiqi. What are you doing?

　...

B: I see. Are you free now?

A: Yes.

B: Would you like to go shopping with me?

A: All right. See you soon.

B: See you.

通过仿写，学生学会了"May I speak to...? Who's that? This is..."等电话用语。

二级——改写，提高概括能力

语言可以通过多样化的形式传情达意。针对牛津小学英语教材文本中的人物对话，教师可以有针对性地选择部分适合学生改编的内容，引导他们以转述等形式加以改写。这样能有效促进学生在进一步熟悉文本内容的基础上，进行抽象思维，讲究语言的精练度，提高文字的概括力。

🔍 **案例：**

"片段"改写

如5B Unit 4 An English friend Part A选取人物对话中关于Tom个人信息介绍的那一段，笔者引导学生以第三人称转述形式加以改写，例文如下：

Tom

Wang Bing has a good net friend. His name is Tom. He is an English boy. He and Wang Bing often surf the Internet. They write e-mails to each other. Tom lives in a small town near London. He studies English, Maths, Science and Art, but he doesn't study Chinese. Because there aren't any Chinese teachers in his school. He usually plays football on Sundays, he plays football well. He likes playing football and he likes swimming, too. He swims very well, too.

通过改写，学生深入获取了文本片段信息，并有效巩固了一般现在时三单动词的变化形式。

三级——扩写，发展想象能力

牛津小学英语教材文本各部分内容往往蕴藏着丰富的信息。这部分资源，教师可以巧妙地将其迁移到学生的写作中来，丰富学生的写作素材，让学生充分调动他们的各种感官，在写作活动中发挥想象，发展思维。

🔍 案例：

图片内容扩写

牛津小学英语教材C部分为学生提供了色彩鲜明的情景图，教师可以充分利用这一资源，让学生充分发挥想象，进行对话扩写，写出更为具体、完整、有新意的对话。

如4B Unit 6 Let's go by taxi Part C，让学生根据情景图片进行扩写，例文如下：

情景图：

A: What's the matter, Mr. White?

B: Oh, I've got a bad cold.

A: Why don't you go to the hospital now?

B: All right.

A: Shall we go there by bus?

B: No, it's late.

A: Look, the taxi is coming. Let's go by taxi then.

B: Good.

A&B: The hospital, please.

C: OK.

四级——创写，实现自我表达

语言是思想的外壳，而文字是记录语言、表达意义的符号。真正的写作应是学生真实生活、真情体验的客观反映。学生只有从自我内心出发，做到我手写我心，才能乐于动笔，达到自我表达的最高境界。

🔍 **案例：**

话题创写

牛津小学英语教材中大部分文本话题与学生的生活密切相关，与学生的体验一致，很容易激起他们的情感共鸣。教师可以此为契机，让学生围绕相关的话题自由发挥，记录属于自己的文字。

如6B Unit 5 The seasons，让学生围绕本单元"季节"话题进行创写，例文如下：

（一）学习写陈述

It is very hot in summer. The trees turn green and grow taller and bigger.

I often go for a walk in Hua Luogeng Park with my triplets sisters. I sit down under the big tree and read books. Zhou Duo and Zhou Rui usually play with my brother dog Lai Fu on the grass.

Sometimes we eat a lot of ice creams. Ice creams are very sweet. We are happy to eat them.

Sometimes the weather is not hot. It is cool. we can go to Jinsha Cinema and watch the films. Yeah! We have a really summer holiday.

I like summer best.

（二）学习写规范

【课程内容】

四年级规范书写专题课Spring。

【学生分析】

1. 学生已有的学习经验：对于规范书写已有一定的感知。

2. 学生可能遇到的问题：能小组合作，根据语境创编小诗并制作绘本。

【课程目标】

1. 能在Spring is _____（赞美春天）、spring activities、spring poems三个语境活动中感知、理解词句和小语段的书写规则。

2. 能根据语境感知并理解不同的句式结构。

3. 能通过语境理解、识别语意和感知语用，体验抄写和仿写的乐趣。

4. 能在语境中感受春天的美并热爱生活。

【课程实施】

Step 1 Warming up

1. Greeting

T: Good afternoon, boys and girls.

Ss: Good afternoon, teacher.

T: Today I'm your new teacher, I'm happy to see you. And I bring you a video. Let's enjoy.

2. Enjoy a video

T: Before you watch it, think of the question "What season is it about?"

Ss watch and enjoy.

T teaches spring.

Ss read together.

视频情境描述：This is Honghe in Yunnan.We can see many fields. There're many busy farmers.This is Guiping in Guangxi.We can see green crops.This is Chongzhou in Sichuan. So many yellow flowers. How beautiful! This is Changxing in Zhejiang.There're many red flowers. So beautiful! This is Qingdao in Shandong. The big sea.Many birds in the beach.This is Wuxi in Jiangsu. Pink flowers, beautiful lake in the park.

3. Learn the new word: spring.

设计意图：在语言和视频中感受春天的美。

Step 2 Presentation

1. T: I like spring. I'd like to sing a song. Would you like to sing with me?

T: From this song, how is spring in your eyes?

T: You can write the spring in your eyes on the line.

Spring is _____.

（1）Sing the song about spring.

（2）Spring is _____.

（nice, beautiful, wonderful, red, pink, green...）

（3）Write the words on the line.

2. Spring activities

T: Spring is nice, beautiful, fun, wonderful... We can have a lot of fun. What can we do?

（1）Ss: I can see...in the park.

（2）Play guessing games. Learn the new words: kite, fly kites, bike, ride bikes, watch flowers.

T: How to talk about our spring activities? Here're some sentences. But they are not in order. Can you order them?

（3）Put the words in order to make sentences.Write the numbers on the line.

a. we, can, what, do, there?
　　①　　②　　③　　④　　⑤

b. we, can, bikes, ride?
　　①　　②　　③　　④

c. go, the, to, park, let's.
　　①　　②　　③　　④　　⑤

T: Let's share our activities in spring. Can you write the sentences on the line? When we write the sentences，what should we pay attention to?

T: Here's a form of evaluation. It can help you write beautifully. Let's look at it. If you can write the big letter in the sentence, you can get one star. If you can use the punctuation correctly, you can get one star, too. If you can give a space between the two words, you can also get one star. If you can write the sentence beautifully, you can get two stars.

    T: How many stars can you get?

    （4）首字母大写，标点符号，单词间距，单词书写正确。

    （5）Finish writing the sentences. Then Ss comment on each other.

    （6）Read the dialogue together and act in pairs.

    3. 呈现小诗

T showes the poem.

Spring

Spring is beautiful.

Warm sun（暖阳），

Green trees,

Red flowers,

Lovely birds,

Wow, I like spring!

T reads it beautifully.

Ss read and know: Warm sun and Red flowers.

Ss read it beautifully.（感受春天的美，读出感情可加动作。）

初步感知小诗结构。

T: Wow spring is really beautiful in the poem.

Let's enjoy the poem. How many parts can it be divided?

Ss think and answer.

T: Good，and why?（The title，the beginning，the body and the ending）

    4. 呈现第二首小诗（Sing Spring）

    （1）Sing the song.

T: Nice job, and I like spring. Would you like to sing a song about spring?

Ss sing it together following the video.

    （2）Learn some animals.

    （3）T: In the song, we know the birds come back from the south, what are they?

    T: Robin, thrush, writen.

Ss read the words follow the teacher.

T: There're also some other animals they sleep in winter and wake up in spring, they're snakes, bears and frogs.

T: Wonderful, and now you can help me finish the second poem.

S1 come to the front and write.

T: The first letter is the big pattern. What about his writing?

Ss: Assess.

T: Can you show us your writing?

S2: ...

T: Terrific, and the ending is a little different from the first one.

5. 呈现第三首小诗（Watch spring）

（1）Learn some new words.

T: Spring is wonderful in your voice, what about spring in your eyes?

I can see some many beautiful flowers. I can watch flowers in the park.

Ss: I can see...in the park.

T: In spring, we can see many beautiful scenery, let's look what else can we see.

Ss: Learn "river, go boating, kite, fly kites, ride bikes".

T: We can do many things.

T/Ss read the phrases together.

T: Do you know "go on an outing"?

Ss watch the pictures and guess the meaning.

（2）Fast eyes.

T: Now, let's play a game.

Ss read the words when they see the pictures. Say "Wow" when you see the sun.

（3）对话抄写句子。

T: You all have fast eyes. We can do many things in spring. How about Mingming and Lily. Here's a dialogue between them. Let's read and choose the right questions.

Ss read and choose.

T: You can circle the key words.

T: Check, why do you choose...?

S1: ...

T: Yes, the park refers to address, so we should choose "where".

...

T: Great! Let's write the questions on the line. What big letters can we see?

Ss: W.C.W.

T: What else? The question mark is very important. And don't forget the space between the 2 words.

Ss write.

T checkes.

Ss assess.

Ss read and act.

（4）Read the third poem.

T: Mingming and Lily can ride bikes and fly kites in spring. So spring is happy. Let's read together.

Ss read it.

T: Can you change the phrases here?

Ss read and make a new poem.

设计意图：使学生在Spring is _____、spring activities、spring poems三个语境活动中感知、理解词和句的书写规则。（学生在语境中通过单词排序组成新句感知并理解不同的句式结构，同伴互相评价句型的书写，达到规范认知。）

Step 3 Consolidation

1. Write spring.

T: Nice job，and we have 3 poems today. Can you find the similarity and difference between them?

S1 回答。

T: Now you can discuss in groups of six and conclude.

Ss discuss and say.

T: In poem1, we have warm sun, green trees, red flowers, lovely birds.

这样的形容词与名词组成的小短句，结构统一，以此讲授小诗2.3中的结构。

T: Terrific. And I have a poem from my students，but there are 5 mistakes, can you find them quickly?

Ss watch and find.

T: You know a lot about the poem. Let's write.

Ss write.

Ss share and assess.

最后谚语渗透：A year's plan starts with spring. Enjoy spring，enjoy life.

设计意图：使学生在优美的朗读小诗的语境中感知诗的结构，为之后创编小诗奠定基础，能通过语境理解、识别语意和感知语用体验抄写和仿写的乐趣。

Step 4 Homework

1. Share your poem "spring" with your friends.

2. Try to read the poem beautifully.

（案例提供：河滨小学　杨金华；案例指导：金坛教师发展中心　钱荷琴）

（三）学习写连贯

【课程内容】

牛津小学英语译林版五年级下册 Unit 6 My friend。

【课程目标】

1. 使学生能准确运用所学语言介绍自己的朋友。

2. 使学生能运用连词连贯有逻辑地表达。

3. 使学生能按照开头、正文、结尾三部分完成语篇写作。

【学生分析】

五年级下学期的学生有一定的语言知识储备，可以用英语进行简单的交际和书面表达，但语篇写作的结构意识和连贯性意识不强。

【课程实施】

Step 1 Pre-writing

1. Guide Ss to introduce their friends.

2. Guide Ss to ask some questions about "friend".

Ask some questions about "friend".

3. Draw a mind map on the blackboard.

Discuss in four:

Which sentences can be used to introduce our friends?

Guide Ss to read Steven's composition and finish the following tasks:

1. How many parts are there in the composition?

2. How can we arrange the sentences with conjuctive words?

3. Encourage Ss to draw the framework of the composition.

设计意图：学生运用已学过的知识介绍自己的朋友，激活已有的知识储备。教师引导学生通过提问的方式来多维度地解剖介绍朋友的几个侧面，同时通过小组合作互助复习学过的知识，教师在整理板书的过程中提醒学生注意相应的语法，为后面的表达做铺垫。

Step 2 While-writing

Guide Ss to read Steven's composition and finish the following tasks:

Read Steven's composition and finish the tasks:

1. How many parts are there in the composition?

Draw the mind map.

2. How can we arrange the sentences with conjuctive words?

3. Encourage Ss to draw the framework of the composition.

设计意图：学生通过帮助Steven改作文，掌握语篇写作分段，可以借助连词厘清句与句之间的逻辑关系。学生根据上面讨论的要素建构自己的作文提纲。

Step 3 Post-writing

1. Choose one composition and encourage Ss to modify it.

2. Modify their own compositions with some signs.

Step 4 Homework

1. Revise your writing, and then copy out your writing.

继续修改作文，并誊写作文。

2. Make a poster to show your friend.

制作一张你朋友的海报。

（案例提供：博爱路小学　许吁；案例指导：段玉裁实验小学　邓黎莉）

（四）学习写丰富

【课程内容】

牛津小学英语译林版六年级下册 Unit 3 A healthy diet。

【课程目标】

1. 学生能通过回顾文本内容，提出有针对性的饮食改善建议。

2. 学生能通过阅读范文，提炼建议信的结构和句型特点，丰富对健康饮食的理解。

3. 学生能通过模仿写作，灵活运用本单元核心句型和词汇展开有序表达，拓展本单元的学习内容。

【学生分析】

学生能通过阅读，学习写作技巧，提高写作水平。在真实的情境中自主多元化地运用本单元的句型和单词进行写作。但学生在真实的情境中自主多元化地运用本单元的句型和单词进行写作有一定难度。

【课程实施】

Step 1 Pre-writing

1. Greetings.

T: Good afternoon, boys and girls.

Today I'm your new partner. Let's enjoy our English lesson.

2. Review story time.

T: Today our topic is "a healthy diet", and in this unit, we have learned about two friends' diets. Who are they?

What's in their diet?（Finish the information cards.）

3. Compare and judge.

T: Does Mike have a healthy diet?

Ss tick out the unhealthy part.

设计意图：通过直接揭示课题，让学生快速明确课堂主题。通过回顾本单元Story Time，让学生旧知复现，教师引导并且整理出一张饮食信息卡，并在此卡中选出饮食不健康的几个点。

Step 2 While-task activities

T: Here Mike received a letter from the dietitian about his healthy diet. Let's share with him.

1. Read and find out.

T: First, can you read it quickly（within 30 seconds）and find out how many advices there are in the letter?

2. Read and improve.

T: First, let's think about why we should drink more water?

When should we drink water?

T: And here are so many sentences, can you make them more beautiful?

When we get up in the morning, we want to drink water.

When we feel thirsty, we need to drink water.

When we feel cold, we have to drink hot water.

When we have a fever, we have to drink hot water.

T: Now can you try to have a practice?

Fruits and vegetables are good for our stomach. They are good for our skin and body too .

There are different kinds of fruits and vegetables. They can give us a lot of vitamins.

3. Compare and read.

T shows these two paragraphs and finds something different.

T guides students to find three parts in this paragraph. What+ why+ how

4. Read and order.

T: Now you have known the structure of the paragraph. And here are some sentences from paragraph 3, can you try to read and order them?

T checkes the answer and guides Ss to find the importance of link words.

设计意图: 通过引入营养师这一角色，让学生一起分享Mike收到的来自营养师的一封信。先进行泛读，快速搜集三个建议，其次针对第一条建议帮助学生感知两个维度，what和why。并进行短句到长句的转换练习，让学生在写作时有避免句式繁杂重复的意识。通过段落的分析阅读，明确第二段中除了what与why，还有第三个维度how。在进行了两个片段的阅读与分析后，让学生尝试将第三段的句子按照正确的顺序排序，同时在排序中突出连词的重要性。

Step 3 Post-writing

T: After this, do you think Mike can have a healthier diet?

But here Yang Ling also needs some help, do you want to help her?

1. Finish Yang Ling's card in groups.

2. Find out what is unhealthy.

3. Discuss and list advice for Yang Ling.

4. Choose one piece of advice and write a short paragraph.

5. Read your advice in your group and share with your partners.

6. Share in our class.

7. Make a summary.

Ss finish the card and tick our the unhealthy parts.

Give out your advice and share in your groups.

Different countries have different diets. Pay attention to well-balance and a suitable amount.

设计意图：在整体的阅读分析后，让学生尝试为Yang Ling的饮食习惯进行梳理及分析，并选择其中的一点给出适当的建议，然后在小组中分享与阅读。

Step 4 Homework

1. Try to finish your letter after class.You can write two or more pieces of advice.

2. Share your advice with your group.

（案例提供：戚墅堰实验小学　杨露霞；案例指导：段玉裁实验小学　邓黎莉）

（五）学习有序表达

【课程内容】

六年级下册 Travel plans

【课程目标】

1. Speak clearly and naturely about travel plans.

2. Construct the criteria or the Writing Checklist and use it to write.

3. Use the Writing Checklist to check and evaluate others' writing.

【学生分析】

学生能通过阅读，在写作时注意文章的结构。但学生要想做到活学活用，还需要加强练习。

【课程实施】

Step 1 Warm up

1. Enjoy a video about Ss' homework.

2. Free talk.

Talk about your travel plans.

（Where? Who? How? What? ... ）

Ss share their travel plans.

设计意图：课前热身，分享学生上节课完成的作文中的片段信息，帮助学生进入英语学习氛围，并为接下来的作文批改和评价做铺垫。

Step 2 Comparing-time

1. Share two passages from students. Let the students choose the better one （No.2）, and give the reasons.

Ss Read quickly and choose. Discuss in groups of four.

Write down their reasons.

Then show us.

2. Share the reasons.

Summary the standards of writing.

Ss read writing criteria.

设计意图：分小组活动，讨论并写出判断原因，通过学生的互学和讨论，激发他们自学的能力，并激发他们的求知欲。

通过分享交流，加以适当引导，帮助学生建构写作标准，为接下来的评价和修改提供依据和标准。

Step 3 Correcting-time

1. Beginning and ending. Through the heated discussion we draw two styles: Narration or Question profile.

Ss Share in groups. Choose the best witing and read it in class.

2. Main body part. Show No.1 passage. According to the standards of writing,

make the passage better.

Ss correct some mistakes by themselves. Work in groups of 4 and try to make the passage better.

3. Correct the main body part of your and witing.

Ss read and correct by themselves; exchange with their partner, read and correct for each other.

设计意图：通过学习他人的开头结尾总结出常见的两种方式： 叙述式和提问式，为接下来的修改和评价作文提供依据。

通过小组合作修改例文，教师引导对照标准，并适当进行错误归类，使学生对写作标准进一步具化概念。

Step 4 Ticking-time

Share with your best friend， then tick for each other.

Ss tick for them selves and others.

设计意图：借助之前建构的写作标准，让学生在自评和互评的过程中，建立更为准确的写作评价标准，并能在今后的写作中加以运用。

Step 5 Summary

Articles are modified. Ss try to understand.

设计意图：情感升华，鼓励学生多读书，增加知识储备。

Step 6 Homework

1. Read more texts. Choose the best one to share next lesson.

2. Try to make the passage better and share with your best friend.

3. According to your travel plans， make a tour strategy.

（案例提供：星河小学 周小桔；案例指导：段玉裁实验小学 邓黎莉）

"1+X篇" 阅读整合课

落实语用目标的整合课

语用能力的培养是英语学习的重要目标之一。语用能力可以理解为识别语境，并在语境中准确地理解别人和得体地表达自己的能力，对各种语境（包括语言语境和语言外语境）的敏感性和表达的得体性（appropriateness）是语用能力的两个重要方面。基于语用语言学（pragmalinguistics）和社交语用学（sociopragmatics）的分类，Leech认为语用能力可分为语用语言能力和社交语用。前者包括在一定的语境中正确使用语言形式以实施某一交际功能的能力，后者是指遵循语言使用的社会规则进行得体交际的能力，是更高层次的语用能力。

那么，英语语用能力如何培养，英语语用目标如何落实呢？笔者认为作为一线教师的我们，可以通过落实语用目标的整合课来实现这一目标。而我们小学英语课堂主要以教授词汇、句型对话为主，所以我们将这个大目标分成三个语用小目标，通过巩固新词的整合课、巩固新句的整合课和运用对话的整合课，实现语用目标的达成。

🔍 案例：

Unit 6 Colours

——江苏省牛津小学英语三年级上册

【课程内容】

本课是《英语·三年级起点》（译林版）三上 Unit 6 Colours巩固新词的单元整合课。通过这一课时的学习，学生要学会运用What colour is...? 来询问颜色，用It's red/blue/orange/...进行回答，并能够运用所学自如地谈论颜色。这是这个单元的学习重点。学生在之前的学习中已经掌握了书本上的颜色单词，但是仅限于此，没有进一步让颜色单词活跃在真实语境中。本课时是对巩固新词的一种新的整合课。

【设计理念】

美国教育心理学家布鲁姆（Bloom）在1956年首创"教育目标分类学"，并在2001年对其进行了更新。布鲁姆将认知领域的教育目标分为从低到高的六个层次：认知（knowledge）、理解（comprehension）、应用（application）、分析（analysis）、评价（evaluation）和创造（creation）。越往后的阶段，难度越高。根据这一理论，词汇复习的目标至少应有识别—理解—巩固—使用—创造五个不同阶段，即recognition—comprehension—consolidation—application—creation。在以上五个层次中，运用才是新词习得的终极目标。所以在小学新词习得过程中，教师应根据新词习得五个不同的认知阶段，采取相应的措施来提高新词复习教学课的效率。

【课程目标】

1. 语言知识目标

（1）通过两篇课外阅读材料的教学，进一步引导学生操练巩固与颜色相关的句型。

（2）学生能用简单的英语组织思维，能在语境中听懂、说对、会读本课重点词句，会说明事物的颜色特征。

2. 语言能力目标

通过阅读，培养学生的阅读能力，注重对阅读策略的引导。

3. 情感态度目标

（1）通过阅读，达成学生热爱阅读这一情感目标。

（2）进一步培养学生的探索精神并乐于与他人交流自己的兴趣爱好。

【课程实施】

Step 1 Warming up

1. Say "hello" to the teacher.

T: Would you like to introduce you and your friends to us?

Ss: Hello, I'm ×××. This is my friend, ×××.

2. Enjoy a song: The rainbow song.

设计意图： 导入环节通过reetings和enjoy a song两个活动的教学，创设良好的学习氛围，引导学生围绕本单元的主要词汇和句型展开复习和巩固。

Step 2 Presentation

T: Just now you introduced you and your friends to me. I'm so happy to meet so many new friends. And today I bring you two new friends. Who are they?

1. Watch and find out.

Q: Who are the new friends?

Tip: 认真观看，了解大意。

设计意图： 通过watch and find out，看关于变色龙的动画片，对颜色这一单元进行思维拓展，在拓展中巩固单词及句型。

2. Read and tick.

T: What colours did the chameleon turn into in the story?

Tip: 精读故事，画出关键词句。

设计意图： 精读故事，巩固颜色类单词和句型，并习得阅读策略：精读故事，画出关键词句。

3. Think and say.

What colour did the chameleon turn into at last?

（Ss: Red, blue, green and yellow.）

设计意图： 激发学生的阅读兴趣，培养学生英语学习的思维。

4. Let's act.

A model:

T: Wow! The chameleon can turn into so many colours. I'd like to try.

T: Look, this is my friend, chameleon.

Ss: Nice to meet you, chameleon.

T: Nice to meet you, too. Look, what colour?

Ss: It's...

T: What colour is it now?

Ss: It's...

T: What colour is it now?

Ss: It's...

The students try to work in groups.

Show in class.

设计意图: 在这一环节的教学中，通过act在情境中进行语言的输出，升华情感。

Step 3 Consolidation

T: The chameleon is just like a magician. It can change colours. What can you do?

S: I can....

T: The colours can dance too. Look, here's a special dancing show for you.

1. Let's enjoy.

2. Read and choose. （Magic palettes.）

Tip: 认真读故事，用横线画出故事中能帮助你答题的句子。

3. Show your dancing in groups.

T: Wow，what a magic show!

Would you like to have a special dancing show?

设计意图: 本环节放手让学生运用之前学习的阅读策略自主阅读，并完成练习。通过这一任务，培养学生的阅读能力。

（案例提供：尧塘中心小学 耿钰钰；案例指导：金坛教师发展中心 钱荷琴）

课程实施评析

段玉裁实验小学 邓黎莉

课程整合就是将两种学科或两种以上学科融合在一堂课中进行教学。这种课程整合对教师、学生、教学都提出了更高的要求。这种要求并非面向知识，而是强调把知识作为一种工具、媒介和方法融入教学的各个层面中，培养学生的学习观念和综合实践能力。

本课时教师以颜色为主题，呈现了两个小故事，变色龙的故事涉及科学学科，而舞蹈表演秀绘本又涉及艺术学科，这样的颜色复习方式让学生感受到单词不是孤立的，而是和情境联系在一起的；单词不是静止的，而是动态的，这样的单词巩固让学生在活动中故事中对单词有了潜移默化的新认识，进而对单词有了新理解，甚至可能会爱上单词学习。

语言学家泰雷尔（Terrel）认为，只要掌握了足够的词汇，即使没有多少语法知识，外语学习者也能较好理解外语和用外语进行表达。语言学家威尔金斯（Wilkins）有一句经典名言："没有语法只能传达很少的信息，没有词汇则什么也无法传达。"可见词汇在语言学习中的重要性。教师应该把这种巩固新词的整合课带入课堂，学生才能从多种层面认识单词、了解单词、掌握单词、尊重单词。

🔍 **案例：**

Unit 5 Our new home
——江苏省牛津小学英语四年级上册

【课程内容】

本课是《英语·三年级起点》（译林版）四上Unit 5 Our new home展开的巩固新句的整合课，旨在巩固复习本单元重点句型Where is/are...?，并结合第四单元can句型拓展在各个房间里能做的事，丰富学生语言，激发学生的阅读兴趣，培养学生的阅读能力，围绕阅读策略的指导引导学生展开学习。

【课程目标】

1.语言知识目标

（1）使学生能正确熟练地运用where句型交流物品位置。

（2）使学生能正确描述自己家中的房间、物品。

2.语言能力目标

通过阅读，培养学生的阅读能力，注重对阅读策略的引导。

3.情感态度目标

（1）通过阅读，达成学生热爱阅读这一情感目标。

（2）使学生了解动物搬家的原因，理解家的重要意义。

【课程实施】

Step 1 Warming up

1. Sing a song: I love my bedroom.

2. Learning aims: Today we're going to see...

  （1）the twins' new home

（2）Sally's new home

（3）the mice's new home

（4）your home

3. The twins' new home.

（1）Brainstorm: What rooms do they have in the new home?

（2）Ask and answer: Where is/are...?

（3）Continue the story: Su Hai can't find her footballs. Su Yang can't find her toy dog. Work in pairs and act out the dialogue.

设计意图： 本环节通过书本歌曲热身、目标展示、课文内容回顾、课文续编四个活动，引导学生围绕教材中的主要词汇和句型展开复习和巩固，以听说先行，为后续阅读做铺垫。

Step 2 New story

1. Sally's new home.

（1）Read and say: Where are they? Who are they?

（2）Read and fill: Do they like the new home? Why?

Who?	What?	Why?
Sally	living room	big and bright
Dad	study	quiet
Peter and Paul	garden	beautiful

Learn the details: face south, a lot of sunshine, read books, play in the garden all day.

（3）Try to guess: Which room does Mum like? Why?

Maybe she likes the...It's... She can...in it.

设计意图： 由教材人物的新家自然过渡到新角色Sally的新家，文本难度略高于教材文本，通过关键词帮助学生梳理对话内容，进一步拓展各个房间的功能表达。

2. The mice's new home.

（1）Read and answer: Which room can the mice go?

（2）Read and number: read again and number the dialogue.（见下图。）

设计意图：趣味阅读板块，让学生和小老鼠一起寻找新家中的"安全屋"。初读快速定位关键信息，再读体会语言，演绎语言。

Step 3 Your home

1. Draw and say: How many rooms do you have?

2. Which room do you like? Why?

3. Introduce your home: Our home is...We have...I like...It's...I can...in it.

设计意图：画一画自家的平面图，说一说自己喜欢的房间以及可以在各个房间里做的事，综合运用阅读材料中的拓展语言。

Extension: Change homes

Read and think: People change homes, animals change homes too. Why do they change homes?

Affective education: East or west, home is the best.

设计意图：聚焦搬家主题，引发学生思考：为什么动物会搬家？进而渗透"家"的情感教育。

（案例提供：尧塘中心小学　耿钰钰；案例指导：金坛教师发展中心　钱荷琴）

课程实施评析

段玉裁实验小学　邓黎莉

　　基于教材内容的新句整合课，需整合各种与新句有关的教学资源，以促进学生对新句的语用能力。而基于教材内容的新句整合课，与传统的阅读课不同，它以原教材的内容为基础，以巩固新句为定位，并基于学生的需求分析，依托大情境学习新句，让学生在熟悉的情境中习得新句的新用法。

　　本课中教师为整节课创设了一个家的大情境，让Where is/are...? 的新句子在the twins' new home、sally's new home、the mice's new home、your home四个小主题中层层复现。复现是形成语言结构模式习惯的有效方法，它能帮助学生把语言知识牢固地转变成语言技能并且熟能生巧，重复操练句型的方法不仅要多样，还要根据句型的不同特点，采用不同的复现方法。本课中不仅有Where is/are...? 句子的复现，还有一定的拓展句子用法的拓展。从教材中询问物品的地点到询问人的位置，以及为什么他在这个地方，自然的情境，自然的语言，这更是语言习得最真实的方式。

　　《英语课程标准》中提出语言学习需要大量的输入。丰富多样的课程资源对英语学习尤其重要。英语课程应根据教和学的需求，提供贴近学生、贴近生活、贴近时代的英语学习资源。所以，教师要明确新句整合课的定位，注重过程的设计，尊重学生的主体地位，教给学生必要的学习策略。

🔍 **案例：**

Unit 5 Signs

——江苏省牛津小学英语六年级上册

【课程内容】

　　本节课是基于译林版六年级英语上册Unit 5 Signs展开的课外阅读教材，旨在巩固复习本单元的主要对话What does it mean? —It means...We should...的同时，激发学生的阅读兴趣，培养学生的阅读能力，围绕学生思维能力的培养展开学习。同时，结合阅读材料中的"公共标志"这一主题，引导学生关注日常生活，关注身边事物。

【设计理念】

美国教育心理学家布鲁姆（Bloom）在1956年首创"教育目标分类学"，并在2001年对其进行了更新。布鲁姆将认知领域的教育目标分为从低到高的六个层次：认知（knowledge）、理解（comprehension）、应用（application）、分析（analysis）、评价（evalution）和创造（creation）。阶段越往后，难度越高。根据这一理论，对话复习的目标至少应有识别—理解—巩固—使用—创造五个不同阶段，即recognition—comprehension—consolidation—application—creation。在以上五个层次中，运用才是新句复习的终极目标。所以在小学对话复习过程中，教师应根据对话习得五个不同的认知阶段，采取相应的措施来提高对话复习教学课的效率。

【课程目标】

1. 语言知识目标

通过两篇课外阅读材料的教学，进一步引导学生操练巩固What does it mean? —It means...We should...句型。

2. 语言能力目标

通过阅读，培养学生的阅读能力，注重对学生思维的培养。

3. 情感态度目标

（1）通过阅读，达成学生热爱阅读这一情感目标。

（2）结合阅读材料中的"公共标志"这一主题，引导学生关注日常生活、关注身边事物。

【课程实施】

Step 1 Warming up

Enjoy a song: What signs do you hear in this song?

Free talk: What other signs can you see in the park?

设计意图：本环节通过enjoy a song、free talk两个教学活动，引导学生围绕教材中的主要词汇和句型展开复习和巩固。

Step 2 Story 1

1. T：Look，there is a young man and an old man running to this bench.（通过图片对比的方式教授bench。）What happened? Let's enjoy the story together.

2. Read and match.

The right order is _____ _____ _____.

设计意图： 通过read and match这项活动的开展，引导学生整体感知故事内容。

3. Think and say.

T: Look at picture 2 and picture 3, pay attention to this old man.Why does the old man begin to run? Please find the key information and underline it.

S: ...

设计意图： 通过对图片的对比，引导学生关注主人公情感的变化。在浏览之后，学生对文章有了大致了解，因此通过这个问题引导学生关注文章的主线，也借此培养学生寻找关键信息的能力。

T: Finally the old man gets to the bench. Is the young man unhappy?

S: ...

T: Yes, he is really worried. Guess, what will he say to this old man?

S: Maybe...

T: Listen, he says "Don't sit." Why? Guess!

Ss: ...

T: Look at this picture. There's a sign. It says "Wet paint" .What does it mean?

S: ...

T: How can the young man explain to the old man? Try to use the sentence pattern to talk with your partners.

S: ...

设计意图： 在这一环节的教学中，设计的问题主要目的是激发和培养学生的思维能力，并通过最后一个环节，让学生体会在情境中进行语言的输出，也是对本单元的重点句型的操练。

Step 3 Story 2

T: Look, after visiting the Hua Luogen Park, the man walks to the street. What signs can he see in the street? What do they mean?

Ss: He can see...It means...

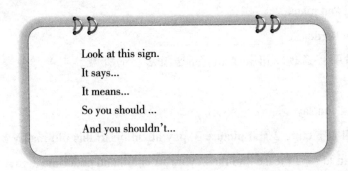

> Look at this sign.
> It says...
> It means...
> So you should ...
> And you shouldn't...

设计意图：通过本单元的学习，学生能够很熟练地说出各种标志以及它们的含义，但是并不熟悉每个标志所处的位置，对于Where can we put it? 这个问题没有认真思考过，所以在这里问学生：What signs can we see in the street?

T: Look, there are some signs too. What do they mean? Do you want to know? Let's read and match.

设计意图：通过这一任务，引导学生带着任务大致浏览文本，初步感知故事的内容。

T: Choose one sign you want to know.

（让学生自己选择想要了解的标志。）

Show the first sign.

T: This paragraph is about sign C, how can you see that?

Ss:This is a picture of a man walking.

T: Great! This is a sign of man walking. But look, it says there is a "Don't walk" sign too. What does it mean?

Ss: ...

T: Can you draw this sign?

（引导学生动手画一画这个标志，换种思维来理解文本。）

Ss show their drawing.

T: Well done. Look at these two signs, what do you find? Are they familiar to your drawing? What sign do you think it is?

Ss..

T: Great. It is as same as the traffic lights.

设计意图：为什么这段话对应的是这个标志呢？让学生自己找到关键信息，培养学生的阅读能力。同时，根据文本信息让学生自己画一画，这也是文本解读的一种方式，学生十分感兴趣。接着，让学生联想其实这就是我们常见的红绿灯，加深了他们对这个标志的理解。

Show the second sign

T: Look at this sign, what does a zebra crossing mean? Can you point at the zebra crossing on this sign?

（Teach zebra crossing）

We always see this sign in the street in Jintan. Can you also see this sign?（出示礼让行人的标志。）

T: We have leaned a lot about this sign, can you fill in this blanks?

This sign means _____.

Ss: ...

This sign means the car or bike should_____ _____ the people to _____ first.

设计意图：通过这一环节的教学，引导学生根据图片猜测生词的意思，这也是一种阅读策略的指导。另外，提问"你由这个标志联想到了我们金坛大街上的什么标志呢？"也是一种联想思维能力的培养，学生联系生活实际，进一步巩固所学。

Show the third sign

T: This sign shows the road becomes narrow. What does narrow mean here?

（Teach narrow）

Ss: ...

T: How can you see that? From which sentence?

Ss: ...

T: So what should drivers do?

Ss: ...

设计意图：在这一环节的教学中，通过关键信息与图片相结合的方式，培养学生猜测文中生词意思的能力，进行阅读策略的指导。

T: From this passage，do you know how to be a good driver?

Look，when the driver drives to a crossing，he may see "Don't walk" sign.

He should stop and wait for people to go first. Can you try to write about it?

设计意图：在这一环节的教学中，最主要的目的是培养学生的信息整合能力。所以，让学生选择一个标志，自己说一说，写一写，进行语言上的输出。

> Choose one and write：（文中的或者课外的均可以。）
>
> When the driver drives to _____，
>
> he may see _____.
>
> He should _____.

Step 4 Consolidation

The man walks on, he sees many other signs.

What signs does he see?

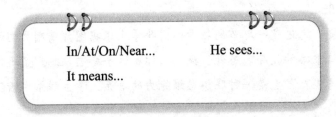

> In/At/On/Near...　　He sees...
>
> It means...

We should always remember: Civilization is the most beautiful scenery!

We must obey the public rules.

The signs can help you!

（案例提供：尧塘中心小学　耿钰钰；案例指导：金坛教师发展中心　钱荷琴）

课程实施评析

金坛教师发展中心　钱荷琴

对话教学不是一种具体的教学模式、方法或技术，而是一种融教学价值观、知识观与方法论于一体的教学哲学。美国伊利诺斯大学教育学者尼古拉斯·C.伯布勒斯（Nicholas C. Burbules）与伯特伦·C.布鲁斯（Bertram C.Bruce）在总结西方对话教学理智传统的基础上，曾给"教学中的对话"下过这样的一个定义："对话（dialogue）是一种教学关系，它以参与者持续的话语投入为特征，并由反思和互动的整合所构成。"

运用对话的整合课，就不仅仅是问答模式，你一问我一答，而是话语实践，具有情境性。本课中教师设置了两个故事，一个是通过图片的方式让学生来组织对话，这样的方式避免了学生生搬硬套地套用对话，而非真实语言表达，有情境有对话就是运用语言；另一个是通过我们身边的情境，学生有话想说，有话可说，在大情境下面让学生在对话中学习新知，学生也能够根据生活经验猜测对话中生词的意思，这个更是运用对话的标志。

这样的对话整合课，在图片里，在故事里，在生活中，在你我之间，这样才能将语用能力最大化，而语用能力是交际能力的重要组成部分。

主题式阅读的整合课

一、主题式阅读的背景

2011版《义务教育英语课程标准》明确提出，义务教育阶段英语课程的总目标是：通过英语学习使学生形成初步的综合语言运用能力，促进心智发展，提高综合人文素养。综合语言能力的形成建立在语言技能、语言知识、情感态度、学习策略和文化意识等方面整体发展的基础之上。阅读是强化语言学习的重要途径，通过阅读教学，学生能够了解大量的英语知识以及文化，促进学生英语学习能力和意识的提升。而且《英语课程标准》也要求中小学阶段加强英语阅读训练，培养学生的综合阅读能力，提高阅读速度，扩大词汇量，拓宽知识面。我们现在使用的译林版小学英语教材，每个单元都是紧紧围绕着一个特定的话题编排的。教材的编排目的很明显，让我们引领学生有主题地读书。在实际教学中，基于学生学习连续性的考虑，我们要精心挑选阅读材料，认真开展主题拓展式阅读，以课内阅读带动课外阅读，打破课内阅读与课外阅读之间的壁垒，以落实单元训练重点为"经"，使学生掌握阅读方法，以紧扣单元主题的课外阅读材料为"纬"，促进知识的迁移，编织一张立体的主题阅读网，加强阅读教学的效果，促进学生读写能力的提高。

二、主题式阅读的分类

根据阅读材料的不同，主题式阅读的整合课可以分为相关式、对比式和延伸式主题阅读。相关式阅读与课文阅读内容相似，通常说的是同一件事情或对同一种现象的阅读。它能很好地拓展学生的视野，积淀语言，形成语感，启迪智慧，从而加深对课文的理解和对单元主题的感悟。对比式阅读是把两篇或两篇以上的文章进行比较阅读，是一种同中求异、异中求同的思维过程。它要求学生以阅读为落脚点，在比较中提高认知能力，发展形象思维，培养学生的想象力和创造力，掌握正确的阅读策略，提高英语阅读能力。延伸式阅读是在读文章的过程中发现了新的东西或者是知识，想要进一步了解，进而寻找相关的资料进行阅读。延伸式阅读是对相关式阅读的延伸，是一种发散性思维的阅读，符合新课程理念，能够培养学生的探究性和创造性能力。

三、主题式阅读的实施

实施主题式课外拓展阅读教学，需要选择和加工学习材料，需要最大限度地将教学内容与学生的语言学习结合起来。在教学内容的选定上，应仔细推敲，悉心钻研，注意以下几点内容：

1. 拓展阅读材料的选择

既是"基于主题的课外拓展阅读"，阅读材料就应该与课文教学主题相一致。教师在选材时，首先要选择与主题一致的阅读材料，教学的话题和任务服务于主题，每个教学任务之间通过主题串联到一起。学生凭借从课本中获得的知识、技能、情感、意志等到阅读材料中去实践、去发现、去求知；紧接着以在课外拓展阅读中学到的知识及能力去补充和强化课本知识。

2. 拓展阅读材料的趣味性

基于主题的课外拓展阅读材料的选取，应满足学生的需求，符合学生当前的语言学习水平，且能引起学生的兴趣。众所周知，兴趣是最好的老师，我们应该充分发挥拓展阅读在激发学生学习兴趣方面的作用。选材内容的多样性可以增加趣味性，使学生精神饱满、积极主动地学习。

3. 在拓展阅读中培养学生的能力

基于主题的课外拓展阅读，教学强调将语言学习和语言运用有效结合。通过学习学科知识来提高目标语言能力，尤其是认知能力及自学能力。学生可以通过运用不同的阅读技巧提高阅读能力，如借助上下文推测词义、快速阅读捕捉主题、细读文本解决问题、在文中画出答题依据等。在阅读过程中教师加以适当的引导，学生的能力在学习中就能实现更加理想的发展。

四、主题式阅读的课例

相关式主题阅读课例

【课程内容】

译林版小学英语五年级上册Unit 3 Our animal friends

Story 1: A little snail & Story 2: My animal friend

【课程目标】

1. 知识与技能目标

（1）通过本课学习，让学生更好地了解如何描述动物朋友。

（2）通过有关动物朋友的阅读学习，帮助学生习得相关的英语阅读策略。

2. 运用能力目标

（1）注重阅读策略的教授，并引导学生灵活运用。

（2）通过英语阅读学习，提高学生的英语阅读能力。

3. 情感态度目标

（1）帮助学生了解世界各地不同的动物，引导学生学会关爱动物。

（2）通过本课的阅读学习，培养学生热爱阅读的良好习惯。

【设计理念】

本节课是基于五上Unit 3 Our animal friends的课外拓展阅读课，旨在复习讨论animal friends，同时激发学生的英语阅读兴趣，提高学生的阅读能力。本课的教学设计侧重语言形式、语言意义和语言功能相结合，注重学习策略的引导。

【课前准备】

PPT、教学图片、学案。

【课程实施】

Step 1 Warming up

1. Greet and sing a song.

T: What can we hear in the song?

Ss: ...

2. Let's guess.

T: Right. We can hear some animals in the song. You know, "Animals are our friends." I love them very much. How about you? Do you have any animal friend?

Let's try to guess some of your animal friends. Who would like to try?

T: You have animal friends and me too. I have two animal friends. Do you want to know who are they? I'll tell you one of them firstly. You can ask me some questions to guess.

Is it...? / Does it have...? / Can it...?

设计意图：课堂伊始，通过了一首简单易懂的歌曲，引领孩子们来到了动物朋友的世界，充分激发学生的兴趣，活跃课堂气氛。接着，让学生充分发挥想象，运用本单元的重点句型，猜测同学的动物朋友，猜测老师的动物朋友，在轻松愉悦的氛围中拉开新课教学的序幕。

Step 2 Presentation and practice

1. Listen and learn.

Snail: Hello, boys and girls. I'm a little snail. I have a hard shell. I can move and climb. But I can't move fast. I climb slowly.

T: Look, there are three new words for you. Let's learn together.

A hard shell: fish, egg, ball（Tip1: 借助旧词，学习新词。Tip2: 观察图片，推测词义。）

T: What is a shell?

T: Look here, the snail says "I can't move fast. I climb slowly." Guess: What is "fast"? What is "slowly"? Try to read them.

设计意图：在小蜗牛的自述中，教授学生有关学习新单词及猜测其意思的学习策略，为学生扫除生词障碍，同时策略的习得也为以后的阅读奠定基础。

2. Think and guess: What's the snail's dream?

T: If you're the little snail, what would you want to do?

3. Listen and choose.

T: Let's listen and check. When you listen, try to get the key words to answer the following questions: Q 1: Where does the little snail live? Q 2: What is the little snail's dream?

T: How do you know that?

设计意图：通过猜测蜗牛的梦想，吸引学生的注意力，打开学生的发散思维，提高学生说英语的能力。接着，通过听录音，来核实学生的猜测，初步了解蜗牛的梦想。

4. Read and find.

T: The little snail wants to see the big world. Please read the story quickly and try to find out: On the way to his dream, how many animals will the snail meet?

Ss: Three.

T: Who are they?

Ss: Monkey, bird and giraffe.

T: Look here, sometimes things before the colons can offer us some important information.

设计意图：引导学生快速阅读故事，进而了解其主要内容的阅读技巧，找出蜗牛在实现梦想的道路上遇见的三个小动物。同时，引导学生注意文本细节，教授学生在阅读对话类的故事时，冒号前面的人物可以帮我们提供一些有效信息。

5. Read and complete.

T: Do they believe the snail can realize his dream?

Ss: No.

T: Why? Let's enjoy the story together firstly.

T: Now please try to read the story carefully and complete the table. When you read, try to underline the key words or sentences.

① Enjoy the story.   ② Complete the table.   ③ Try to say.

T: Does the snail give up?

Ss: No.

T: The snail always says, "Perhaps I can't, but I'd like to try." Can you read it emotionally?

设计意图：开始第二遍精读故事，先是师生共同欣赏绘本，然后学生自行阅读，并完成表格。在此过程中，注重引导学生寻找蜗牛不放弃的原因，渗透情感教育。

6. Think and discuss.

T: The little snail never gives up. So he gets to the top of the tree. If you are Mr. Snail, what will you say to the monkey, the parrot and the giraffe?

7. Think and choose.

T: Well done! Because of his insistence, the little snail realized his dream. We can learn a lot from him. So after you read the story, what can you learn from it?

设计意图：在学生已经整体理解故事的基础上，让学生完成选择题：What do you learn from the story? 并且，通过选择结果：Nothing is difficult to the one who would like to try.激励学生继续尝试猜猜老师的另一个animal friend：dog。

Step 3 Consolidation

1. My animal friend.

T: Nothing is difficult to the one who would like to try. So please try to guess my another animal friend. Listen and guess.

设计意图：学生尝试猜测教师的第二个动物朋友，但是本次猜测的方式较第一次猜测稍微提升了难度，让学生提问，教师回答 "Yes" or "No"，激发学生的思维，同时自然而然地开展第二个故事的教学。

2. Know more about my animal friend.

T: Bingo. You know dogs are our good friends. They can do a lot for human beings. Read and know more about dogs. After your reading, try to finish the following exercise. You can underline the reasons in the story. Maybe these tips can help you a lot.

设计意图：呈现一篇有关dog的短文，指导学生运用今天学习的阅读策略，独立完成五道阅读理解题目，提升学生的阅读能力。

3. Know about your animal friends.

T: Well done. You know a lot about my animal friend. Now let's know about your animal friends.

设计意图：鼓励学生尝试展示自己的animal friend，孩子们认真准备、积极尝试，展开大量的语段输出，学以致用。

4. Animals in different places.

T: Wow, we all have animal friends. We can see animals everywhere in our life. And we can see animals everywhere around the world.

We can see pandas in China./ We can see bald eagles in the US./ We can see polar bears in Canada./ We can see kangaroos in Australia./ We can see elephants in Asia（亚洲）./ We can see lions in Africa（非洲）./ We can see parrots in South America（南美洲）./ We can see penguins in Antarctic（南极洲）.

T: No matter where the animals are, they are our good friends.

T: So we should love animals.

设计意图：通过总结世界上的各种动物，展开简单的有关动物的文化拓展，再次渗透情感教育：Animals are our good friends.学生发自肺腑地感叹：We should love animals。

Step 4 Homework

1. Share the story to your friends or family members.

2. Find out more animal friends on the Internet and try to describe them in English.

对比式主题阅读课例

【课程内容】

译林版小学英语六年级上册Unit 1 The king's new clothes two stories about two kings.

【课程目标】

1. 知识与技能目标

（1）学生通过思维导图复习单元重点单词和句型。

（2）学生通过两篇阅读理解短文的学习，掌握相应的阅读策略。

2. 运用能力目标

提升学生阅读思维品质，提高阅读课的效率。

3. 情感态度目标

（1）通过阅读，感受文本显性和隐形的内涵。

（2）通过对比阅读，感知国与国之间的不同，并进行相关思考。

【设计理念】

本节课是基于译林版六年级英语上册Unit 1 The king's new clothes展开的课外阅读教学，旨在巩固复习本单元的用过去时阐述故事，同时激发学生的阅读兴趣，培养学生的阅读能力，围绕阅读策略的指导引导学生展开学习。同时，丰富学生的语言，提高学生的语用能力和思维能力。

【课前准备】

PPT、学案。

【课程实施】

Step 1 Warming up

1. Greetings.

2. Free talk.

T: Look at this screen, what can you see?

S1: I can see two fat kings.

T: But what else can you see?

S2: Oh, the first king comes from Unit 1 story time.

S3: The king was on the street.

...

（PPT中呈现书中的国王和来自古代朝鲜的国王的图片，也是两篇阅读短文中国王的形象。）

设计意图：导入环节通过greetings和free talk两个活动的教学，引导学生通过看图来复述文本故事，思维的表达更加自由，而古代朝鲜国王的图片既是一种语用的素材也是对后续故事的铺垫。

Step 2 Learn the first passage"Hans Christian Andersen"

1. Scan and answer.

Q1: Who was the story about?

Q2: Who were in the story?

2. Word developing.

 Guess the meaning of the words in the story and make a match.

3. Read the details and choose the right answer.

Q: Why did Andersen become a famous writer?

4. Let's discuss. If you were child Anderson, would you be a famous writer? Though we are poor, we have great dreams.

（人穷志不穷。情感教育的渗透，也是人生价值观的体现。）

设计意图：在第一篇课外阅读的教学中，教师渗透了泛读和精读的阅读策略，其中，对影响阅读内容的单词，运用了英英匹配的方式，让学生用英语进行思维，最后的讨论环节是对积极的人生观和价值观的一种认可。

Step 3 Learn the second passage "The boy and his empty basin"

1. Read and order.

T: Each group has 4 pieces of paper, you should put them in order.

2. Read and draw.

T: Everyone should draw a picture according to your paper. And then share the pictures in groups and discuss whether the picture is correct.

3. Check the answers.

4. Let's discuss.

T: Which king do you like?

设计意图：第二篇课外阅读的内容较简单，所以教师应更多地放手让学生自己对文本进行排序，对文本进行绘图，锻炼学生阅读条理性的能力和与同学间分享猜测单词的方法。教师的最后总结摒弃了一贯的灌输策略，让学生在体验中尝试感悟并且最后进行总结，水到渠成。最后一个问题其实是两篇故事的升华，让学生的思维在两位国王的对比中进行碰撞，得出自己的思考。

Step 4 Homework

1. Take some notes of the reading strategies.

2. Read two new passages by using learned strategies.

延伸式主题阅读课例

【课程内容】

牛津小学英语四年级下册Unit 8 What's the matter?

【课程目标】

1. **语言知识目标**

（1）使学生能听懂、准确认读并说出单词 ill、tired、hungry、thirsty。

（2）使学生能听懂、会说并熟练运用日常交际用语：Come and have... What's the matter? Are you...? I'm ill/tired/ . Here's...for you.

2. **语言能力目标**

（1）使学生能用What's the matter? 来询问别人情况，用I'm hungry/thirsty/ ill/ tired.准确表达自己的感受。

（2）能用Here's...for you./ Why don't you...? 来帮助他人或提出恰当的

建议。

（3）能在情景中恰当使用本课主要句型。

3. 情感态度目标

通过各种情景活动，能体验关爱他人、帮助他人的快乐，使学生逐步形成助人为乐的品质。

【设计理念】

本课是《英语·三年级起点》（译林版）四上Unit 8 What's the matter? 第一课时Story Time的对话教学。通过这一课时的学习，学生要学会运用What's the matter? 来询问别人情况，用I'm hungry/ thirsty/ ill/ tired.准确表达自己的感觉，并能帮助他人或提出恰当的建议。这是这个单元的学习重点。学生通过之前的学习已经掌握了关键句子I'm hungry/thirsty.也学习了对人问候时不同的回答，但仅限于此，没有学习进一步追问的语言。本课时是对这一话题的丰富和深入探讨。

【课程实施】

Step 1 Warm up and lead in

Guessing games:

游戏1：Who's she? 幻灯出示让学生读句子。She's a woman. She's a teacher. Her hair is long. Her eyes are small. She can speak English. She's from Jintan. Who's she?

Ss: It's you.

T: Yes, it's me, Miss Deng.

设计意图：通过猜测游戏，既做了简单的自我介绍，拉近了师生的距离，也激发了学生的学习兴趣。

游戏2：Who's he? （幻灯出示）He's a boy. He's a student. He's your friend. He's from your English book. His hair is short and black. He is in yellow and green T-shirt.

Ss: Is he Liu Tao?

T: Yes. Do you know Liu Tao? There's a play about Liu Tao. He had a busy day, and he is always not fine. What happened? Let's see "Liu Tao's Day" together.

设计意图：由游戏引出Liu Tao，再引出Liu Tao一天的生活情境，为下面创设完整的大情境做好铺垫。

Step 2 Presentation and practice

Scene 1: In the morning

1. T: Listen and guess, where's Liu Tao? （播放上课铃声）

S1: Is he at school?

S2: Is he in the classroom?

T: Yes. You are great. Look, he's in class. Is he good now?

Ss: No.

T: What's the matter with him? Let's ask him.

Ss: What's the matter?

C（computer）: I'm hungry.

T: Liu Tao is hungry. Can you help him?

S3: Have some bread.

S4: Here's a hamburger for you.

T: You're kind and helpful. Thank you.

2. practice and check

设计意图：通过观察Liu Tao的表情图发现 "He's not fine." 自然引出 "What's the matter? I'm hungry. Here's a...for you." 的教学。

Scene 2: In the afternoon

1. T: Listen and guess: where's Liu Tao? （播放打乒乓球的声音。）

S1: He's in the playground.

T: Is he fine now? What's the matter?

S2: He's tired.

T: OK. Let's follow him.

（教学"tired"，注意读音。）

2. Have a chant.

配上节奏，教师示范说Matter, matter, what's the matter? Tired, tired, I am tired. Chair, chair, here's a chair. Thank you, thank you! You're so kind!

让学生模仿自编儿歌。

设计意图：学生对于声音比较敏感。场景1、2都由声音导入，很好地集中了学生的注意力。场景2中的语言操练换成编chant，增加了学习的乐趣。另外，在课文对话场景之前创设了"in the morning""in the afternoon"两个场景，既是对新语言学习的必要铺垫，也是为教材课文——第三个场景Liu Tao is thirsty and tired.打下伏笔。

Scene 3: In the evening

1. 依托主题情境，整体输入对话

（1）看图预测

T: Look, Liu Tao is at home. He's not fine. What's the matter? Can you guess?

S1: He's hungry, I think.

S2: Perhaps he is tired.

S3: ...

What's the matter with Liu Tao?

He's..., I think./
Perhaps he's...

（2）试听动画，看图选择（如果学生能完整答出"thirsty and tired"，则继续下一步骤；如果学生答不完整，则把这一问题带到下一步骤。）

T: Watch and choose, what's the matter with Liu Tao?

Ss: He's thirsty and tired.

（3）How do Liu Tao's parents care about him? Read quickly and underline the answer.

设计意图：心理学表明，人认识事物的一般规律是由整体到部分。因此对话教学应从整体入手，展现给学生一个完整的语言概念。在初次接触对话文本时，本着"整体感知"的理念，先让学生预测Liu Tao的状况，再通过看动画整体感知，要求学生了解对话的主要信息："刘涛又渴又累""父母很关心他"。在整个过程中，学生关注的是对话的整体框架和完整的信息，在宏观上很好地把握了对话。

2. 关注对话学习的过程

（1）根据学生学习的起点，顺学而教。

（教学片段三，接教学片段二）自由读对话，画出不认识和不理解的词、句。（同时，让学生把不认识的词、句写在黑板上。）

根据学生写的生词，进行教学：

A. ill 的教学（读音、含义）。

B. "Why don't you..." 的教学（读音、意思）。

T: Look at the pictures, can you use the sentence to give some ideas?（学生操练）

S1: I'm thirsty.

S2: Why don't you have some juice?

S1: Good idea.

C. 如果还有其他不懂的词或句，可以让会的同学示范读、讲解意思。

设计意图：在充分尊重学生已知和未知的基础上，让学生自主读对话；根据学生学习的需要，或点拨，或强化，或互助式学习……凸显了在教学中学生的主体地位和教师的主导作用的和谐统一。

像这样让学生写出自己在阅读时遇到的难点而捕捉到学生的现实情况，并将这些"即时资源"作为教师展开引导的落点，因学生而动，因情境而变，使教师的"教"服务于学生的"学"，真正地把课堂还给学生。

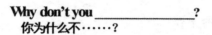

Why don't you _____?
你为什么不……?

（可用这个句型来提出自己的建议。）

have some juice,	have a hamburger
go to bed,	see a doctor
have some bread,	have a cup of tea
sit down,	...

（2）指导学生学习对话的策略，着眼长久

（教学片段四，接教学片段三）模仿录音，学读对话。

T: Let's read the dialogue beautifull. But how? Here's a learning tip. Listen to the tape and try to find the stressed word, then mark it. （听录音，找出重读的词，并标注出来。）

教师和学生先一起听第一、二句，找出重读的词，并加重音符号，再放手让学生一句一句地听录音，做记号。

在校对后，指导学生跟读，并注意重读的词。最后，分组表演对话，比一比哪组表演得好。

设计意图：培养学生正确、优美的语音语调是《新课程标准》在小学英语中对读和说的要求。教师针对"如何模仿录音"做具体、细致的指导，既是对语音知识的渗透，也是"读"的技能的学习和操练。相信，这对学生学习英语的影响是深远的。

Let's read beautifully.

● Listen to the tape and try
to find the stressed word,
then mark it.
（听录音，找出重读的词，并标注出来。）

 'Come and have some 'cakes, Liu Tao.
Come and have some cakes, Liu Tao.

3. 提供综合运用对话的平台

（1）总结对话功能

（教学片段五）

Task 1: Try to have a summery.

① 当你看到别人不太舒服，你可以关心地问：＿＿＿＿＿＿＿＿

＿＿＿＿＿＿＿＿＿＿＿＿＿＿＿＿＿＿＿＿＿＿＿＿＿＿＿＿＿

② 当回答别人的询问，表述自己的感觉时，我们可以说：＿＿＿＿

＿＿＿＿＿＿＿＿＿＿＿＿＿＿＿＿＿＿＿＿＿＿＿＿＿＿＿＿＿

③ 当给别人提供帮助或提出建议时，我们可以说：＿＿＿＿＿＿＿

＿＿＿＿＿＿＿＿＿＿＿＿＿＿＿＿＿＿＿＿＿＿＿＿＿＿＿＿＿

④ 接受帮助别忘了说：＿＿＿＿＿＿＿＿＿＿＿＿＿＿＿＿＿＿＿

＿＿＿＿＿＿＿＿＿＿＿＿＿＿＿＿＿＿＿＿＿＿＿＿＿＿＿＿＿

设计意图：及时提炼和总结对话中的目的语及其功能，可以让学生明白我们能在何时、何处、何境运用这一语言，体现语言的语用性。

（2）适当拓展运用

（教学片段六）

Task 2: Try to make a dialogue.

教师和一个学生先做示范，再让学生自主选择编新对话。

T: Hello!

S: Hello!

T: How are you...?

S: Not so good.

T: What's the matter?

S: I'm...

T: Here's...for you. / Why don't you...?

S: Thank you.

设计意图：学习语言的目的是运用语言。学习对话最终的运用要落在对话上。教师设计了这样一个开发的任务情景，可以让不同体验、不同层次的学生有选择地进行交际活动；学生有较大的发挥空间，也有了展示的平台。

Task 2：Try to make a dialogue.

1. 你们要去公园，但他饿了…… 2. 夜晚，你累了，爸爸妈妈劝你……

A: Hello!
B: Hello!
...

A: Are you ...?
B: No.

A: What's the matter?
B: I'm ...
A: Here's ... for you. / Why don't you...?
B: Thank you.

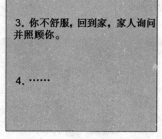

3. 你不舒服，回到家，家人询问并照顾你。

4. ……

Task 3: Enjoy the story.

There is a big apple tree. She likes a boy .The boy is happy, the tree is happy, too. One day, the boy is not fine. "What's the matter, boy? " "I'm hungry, I'm thirsty." "Here are some apples for you." Another day. "What's the matter, boy? Are you ill? " "No. I'm tired." " Why don't you sit beside me（靠我坐

下）?" The boy loves the tree. The tree loves the boy. The boy is happy. The tree is happy, too.

设计意图：由著名绘本《Giving tree》改编的课内阅读绘本是对本课的对话向阅读延伸和拓展的尝试。由于小学英语学习缺乏环境，缺乏相关的、符合孩子知识水平和心理水平的配套读物，从而导致学生学习的语言机械而贫乏。尽量让学生从不同角度多接触语言，接触不同形式的语言，接触原汁原味的语言，进一步丰富学生的语言和不同的学习体验，这对学生学习英语一定是助益良多的。

4. 激起学生情感的共鸣

（教学片段七）

在教完《What's the matter？》后，教师引入绘本《The giving tree》的阅读：

Task3: Enjoy the story.

T: What's the matter with the boy?

Ss: He's hungry, thirsty and tired.

T: The boy is happy, and the tree is happy, too. Why?

Ss: ...

T:（见学生回答有难度，及时调整）Do you like the tree?

Ss: Yes.

T: Why?

S1: It's 助人为乐.

T: She's helpful. Why is the tree happy?

S2: The boy is happy.

S3: 帮助别人是快乐的。

T: Yes. Giving is happy.（出示Giving is happy.的句子。）

在教学中，教师见学生没有能很快回答"The tree is happy. Why？"时，教师没有把"Giving is happy."硬塞给学生，而是结合文本，从学生的阅读体验出发，问"Do you like the tree？ Why？"引导学生体会到" The tree is helpful."从而进一步体会"Giving is happy."。文本中的情感价值观已经潜移默化地被学生感悟到了。

（接上课例）

T: Who's helpful in our class?

S1: Li Yang is helpful. She helps me clean the classroom.

S2: Zhang Xiang is helpful. He helps me with my Math.

S3: ...

T: All of you are helpful. In this class, you helped Liu Tao.（课文中感觉不好的孩子）You helped me. So, thank you, boys and girls!

Ss:（鼓掌）

结合生活，教师提出"Who's helpful in our class？"让学生讨论，并发掘班上的好人好事，从文本走向了生活；结合课堂本身、学生的精彩表现，教师向学生说"Thank you"，让学生获得对"给予别人帮助"的个体感悟，形成积极的情感体验和正确的价值观念，实乃教育之本意。 片段二中，既有思想的碰撞、心灵的交流，也有对"生命的润泽"，真正达到润物无声、教育无痕的境界！

课程实施反思

促进式教学是立足于学生的发展，整合各种教学资源，以"促进"为主要方式和发展维度的一种教学范式。其中，涉及课堂教学中"师生促进、自我促进、生生促进、媒介促进、评价促进"五个层面的教学方式，全面地为学生的发展做了很好的预备和铺设。

本课中教师为整节课创置于一个大情境，让旧知的复习、对话的呈现、语言的操练、对话的输出和运用都以大语境为依托，并且大语境中的前后环节彼此照应，让学生感受到完整严密的学习进程，对语言的习得有很好的促进作用。

《新课程》强调，教学的最终目的是为了学生的发展，教师的一切教学行为都是为学生的"学"服务的。表面上看，学生是否主动参与，是否有兴趣地学是衡量生本课堂的标志，但从本质上看，教学是否基于学生学情，是否让学生经历完整的、充分的学习过程——让学生经历从不会到会、从不懂到懂、从不熟练到熟练的过程而获得发展，这才是生本课堂的根本标尺。教师要注重过程设计，尊重学生的主体地位，教授必要的学习策略，让学生亲历"学"的过程，为学生以后的学习甚至终生的学习打下基础。

笔者认为，语言综合运用能力不单单是指我们平时所强调的听、说、读、写四项语言技能，而是指融知识技能、情感态度、文化意识、交际策略等于一体的一种综合表达能力。这种能力需要在完成一系列有梯度的任务中逐步形成。我们应该依据对话教材，开展多种"运用目的语"的任务，让学生总结提升目的语的功能、尝试表演"运用目的语"的情境，进一步拓展运用目的语的其他语言技能形式。

对于三维目标中"情感态度价值观"的目标达成，我们应该摒弃标签式的、空中楼阁式的、教师自说自话式的形式主义，而应该把积极的情感、态度和价值观融汇在主题体验中，更容易得到潜移默化的效果。应该把"情感"这条线贯穿于对话教学全过程，并在学习的过程中让学生得到身临其境的体验，让学生本身感悟到真情实感，从而受到潜移默化的教育。

（案例提供：段玉裁实验小学　邓黎莉）

"1+X组" 群文阅读课

一、何为群文阅读

阅读教学这一概念最初源自语文学科，它是指在较短时间内针对一个话题进行多文本的阅读教学。如果将其迁移至英语学科，可以对该定义做如下解读：较短时间通常是指一节课或至多两节课；话题是指教师为学生选择阅读素材的依据或者主题；多文本是指教学文本的篇数，通常为2～4篇，文本之间无明显的主次之分。

英语阅读对于提升学生的核心素养至关重要。然而，小学阶段英语开设的课时普遍不多，在有限的时间内开展阅读教学尤为重要。群文阅读教学中，学生一次性可以阅读多篇文本，有利于扩充阅读量和提升阅读速度。同时，群文阅读教学能培养学生的阅读策略，比如推理、比较、分析、整合、判断和创造等。此外，群文阅读教学中，学生在较短时间内需要阅读多篇文本，其默读、快速浏览等阅读能力会得到有效锻炼和提升。而且，群文阅读强调教师要尽可能使用真实的阅读材料，以使学生更好地适应真实的阅读情境。

二、群文阅读教学实践案例

【课程内容】

六年级上Unit 4 Someday

Story 1: Long ago and today & Story 2: Someday

【课程目标】

1. 知识与技能目标

（1）通过本节课的学习，让学生进一步学会正确使用动词过去式。

（2）通过英语阅读课的学习，掌握一些英语阅读的策略和方法。

2. 运用能力目标

（1）让学生能正确使用一般过去时和一般现在时，描述人物的过去和现在。

（2）通过一些英语阅读策略和方法的指导，让学生将其灵活运用于自己的英语阅读中，提高学生的英语阅读能力。

3. 情感态度目标

（1）在阅读过程中，激发学生去体会父母对自己的爱，从而学会去爱自己的父母。

（2）在对比过去和现在的变化过程中，感受自己和社会的一些进步，提高成就感。

【设计理念】

本节课的教学是基于六上Unit 4 Then and now的课外拓展阅读课，旨在讨论过去和现在的一些变化，复习英语一般现在时和一般过去时。在指导学生英语阅读策略和方法的同时激发学生的英语阅读兴趣，提高学生的阅读能力。让学生在掌握英语阅读技能的同时升华情感，体会父母的爱，学会去爱自己的父母。

本节课注重对学生英语阅读技巧的训练和知识的运用，课堂上给予学生大量的展现空间，激发学生的英语思维，提升学生的英语阅读素养。

【课前准备】

PPT、教学图片、学案。

【课程实施】

Step 1 师生交谈，直入话题

课堂伊始，教师直奔本课话题easy or hard，要求学生使用 "For me, it's easy/hard to ..." 交流个人学习或生活中觉得比较容易或困难的事情；随后，转入话题 "Is it easy to be a kid or an adult？"，引导学生自由表达观点。

设计意图：在群文阅读课上学生要读多篇文本，因此导入环节需要直奔主题，这样既省时又高效。在本节课的导入环节，教师直接呈现话题easy or hard，引导学生表达自己在日常生活中遇到的容易或困难的事，随后要求学生针对"做小孩容易还是做大人容易"这一话题表述想法和理由。这样能使学生一开始就在辩证的氛围中自主思考和表达，同时提高学生的阅读期待。

Step 2 阅读绘本故事It's Not Easy Being a Kid

1. Read, stick and find out.

（1）教师引出绘本的主人公Peter，并告诉学生：In Peter's eyes, it's not easy being a kid. 接着呈现绘本故事的图片，告知学生：There are lots of nice pictures in this book. There are no words. The words are in the red envelope. 要求学生仔细观察绘本中的图片，默读红色信封中的语段纸条，并将这些语段粘贴至对应的图片下方。在学生完成粘贴任务之后，教师让学生观看绘本动画进行验证。

（2）教师向学生提问：In Peter's eyes, why is it not easy being a kid? 要求学生再次阅读文本，提炼重要信息。在验证答案时，教师提取Peter观点中的关键短语并板书。

设计意图：图文匹配活动旨在让学生体验自主建构文本的过程。建立文本情景与文本语言之间的对应关系有助于培养学生认真观察图片、快速浏览文本语段的能力。学生在整体感知文本大意的同时，想象能力、逻辑思维能力和推断能力等也得到有效训练。随后，学生围绕主旨问题再次阅读课文并寻求答案，在此过程中运用跳读策略获得关键信息，提高阅读效率。

2. Guess and stick.

教师备课时将Peter认为做大人容易的四个描述片段部分挖空，只留下了前半句"When you're an adult, ..."。本环节，教师首先让学生对四处挖空内容进行猜测，随后让学生再次阅读文本，将绿色信封中的词条贴在对应位置上。在验证答案时，教师提取关键短语并板书，使之与Peter关于做小孩难的观点一一对应。

设计意图：本环节中，教师对文本内容进行了挖空和留白处理，旨在让学生推断出Peter关于做大人容易的观点，培养学生的分析、推断以及发散性思维能力。接下来的再次粘贴词条的活动既是学生推断与验证的过程，又是学生获取文本完整意义、构建清晰文本图式的过程，以此加深对文本内涵的理解和感悟。

3. Think and say.

教师引导学生联系个人生活实际，以绘本中的主要句型"When you're a

kid, you ... But when you're an adult, you ..."为语言支架，继续围绕话题深入交谈。本环节师生对话如下：

T: For Peter, it's hard to be a kid, but it's easy to be an adult. Do you have any of your own ideas about this? You can talk about your own experiences.

S1: When you're an adult, you can play with mobile phones anywhere and anytime. But when you're a kid, you can't do that.

S2: When you are an adult, you can do anything you want to do. But kids can't do anything they want to do.

　　...

设计意图：由于文本的主人公Peter也是孩子，学生读完该文本后很容易产生情感共鸣，其表达欲望亟待激活。该环节为学生搭建了展示学习成果的平台。课堂上，学生情绪高涨，思维活跃，语言输出丰富，能结合个人的生活经历，从不同的视角表述观点，而且不少观点颇有道理和新意。

Step 3 阅读绘本故事 It's Not Easy to Be a Mother

1. Read and name.

教师引入绘本故事的主人公Lisa，同时展示了该故事的第一页。该页内容包括：一张Lisa表情痛苦的图片，以及围绕在她周围的大人平时对她发出指示的话语，如：Don't be so rude! Wash your hands! Don't eat too much ice cream! 接着，教师以问题It seems she has the same problem. What will happen next? 引导学生带着期待阅读全文，同时完成为绘本命名的任务。

设计意图：第二本绘本故事的第一页讲述了Lisa认为作为孩子的种种不易，这些也是学生每天所要面对的。教师呈现该页内容，目的是让学生从第一本绘本的阅读情境中自然过渡到第二本绘本的阅读情境，使学生在情感上产生强烈的好奇心和阅读期待。教师布置为绘本命名的阅读任务，旨在让学生再次利用快速浏览等阅读方式获取文本主旨大意，培养学生的阅读能力。学生在阅读过程中经历了好奇、推断、对比和发现等积极的思维和情感体验。

2. Read and find.

在通过与学生交流确定绘本名称之后，教师提出问题：In Lisa's eyes, why is it not easy to be a mother? 要求学生再次阅读完整绘本。在验证答案时，教师引导学生提炼和总结文本中Lisa关于"做大人难，做小孩易"的观点，同时采用大人与小孩逐项对比的方式进行板书。

设计意图：本环节中，教师要求学生再次默读全文，通过跳读快速获取关键信息，从而对文本内容有更为深入的理解和把握。在验证答案时，教师注重让学生提炼文本中零散的语言和内容，使学生具有透过现象看本质的推理与归纳能力，从而触及文本的内涵和意蕴。

3. Imagine and say.

该绘本故事中，妈妈和女儿在起床、穿衣、吃饭、睡觉、做家务等多个场合进行了互换角色的体验，以对话的形式展现了孩子和妈妈日常生活中的行为特征和交流方式，但文本中有一页（见下图）只有场景图而没有对话。教师要求学生发挥想象，两人一组创编对话，并表演。

学生创编的对话如下：

S1: Lisa, don't mess up the floor. Put your books in order, please.

S2: （不屑一顾地）You can do that for me.

S1: You can't eat while reading. That's not good.

S2: Apples are my favourite fruit, and I'm hungry now.

S1: （无奈地）Please ...

S2: I'm Lisa. This is how Lisa behaves.

设计意图：本环节中，教师利用绘本中的留白指导学生创编对话，使学生在角色扮演中锻炼自己的想象力和创造力，提升语言表达的流畅性，同时也促使学生在角色互换的情境中体验作为妈妈的辛苦与不易，对文本所传递的情感和价值观有更为直观的感受和认知。

4. Think and say.

在该文本学习结束时，教师要求学生延续Lisa关于"做大人难、做小孩易"的观点，结合个人日常生活，谈谈自己的体会和理解。教师同样提供语言支架"When you're an adult, you ... But when you're a kid, you ..."，并鼓励学生尝试使用其他句式。本环节师生对话如下：

T: In Lisa's eyes, it's hard to be an adult, but it's easy to be a kid. Do you have any of your own ideas about this?

S1: When you're a kid, you don't have too many worries. But when you're an adult, you have a lot of worries every day.

S2: As a kid, you don't cook or buy food for your parents. But adults need to do these things for their children.

...

设计意图：本环节中，教师要求学生结合自身实际，拓展表述文本中Lisa的观点，这既能促使学生认真回顾和思考日常生活中父母对自己的关心和对家庭的付出，体会做大人的种种不易，又能与第一本绘本中"做小孩难、做大人易"的观点进行相互对比，从而使学生在经历深度情感体验的同时提升综合语言运用能力。

Step 4 深度思考，升华情感

教师告知学生这两本绘本其实都缺少最后一页，并通过PPT展示两本绘本的尾页（见下图），让学生深入思考What can you learn from these two stories? 教师给予学生充裕的思考时间，最后学生给出了如下回答：Our parents do not have it easy. We shouldn't make so much trouble./Both kids and adults have a hard time. Let's sit and talk. We should understand and love each other./Life is not easy, but life is beautiful. So, be happy everyday./ ...

　　设计意图：两本绘本主旨鲜明，看似各自独立，实则有异曲同工之处，每本绘本的最后一页是最好的例证。教师将两本绘本的最后一页放在本节课最后展示，意在使学生在整体阅读和分析比较之后，能从文本的表层信息走向实质内涵，从文本的故事内容走向自己的真实生活，在深度思考中经历思想的挣扎、主旨的探究和情感的升华。这样的设计是以阅读能力培养为起点和过程，而达成的是学科育人的目标。

（案例提供：南通市如东县教师发展中心　沈国峰）

三、对英语群文阅读教学的思考

1. 确定群文话题，精选教学文本

　　话题的确定是教师在开展群文阅读教学之前最为重要的一步。英语群文阅读的话题有很多种，教师可以以对立的观点为话题，如本节课就是围绕做小孩难和做大人难这样对立的观点展开的；也可以以主题为话题，如针对主题为自然、动物、朋友、著名景点等的一组文章进行教学；也可以以作者为话题，如绘本大师Anthony Browne的著名作品《My Mum》和《My Dad》可以作为群文阅读材料；还可以以阅读策略为话题，如选择一组文本专门针对某种阅读策略进行训练，从而让学生发现该阅读策略的特点、优势和运用时的注意点。

　　话题确定之后，教师就要围绕话题挑选教学文本。教师在挑选文本时需要

注意以下三点：

（1）教师要广泛阅读。教师的阅读视野决定着学生的阅读质量。群文阅读要求教师进行广泛的课外阅读。教师要利用网络媒体等有效渠道获取更多、更好的阅读素材，从而使高质量的群文走进课堂。其中，绘本因其可读性和趣味性成为群文阅读文本选择的主要来源。

（2）选择文本时要注意贴近学生实际。教师在挑选文本时要考虑到学生的知识能力、学习特点、兴趣爱好、生活经验和文化背景。语言难度过高或过低，或者脱离学生实际的文本要尽量摈弃。例如，本节课中，主题为"做小孩难"和"做大人难"的两本绘本非常贴近学生的实际生活，是学生在日常生活中经常遇到的问题和困惑，这样的文本非常容易激起学生的阅读欲望，可以使学生产生强烈的情感共鸣，再加上文本语言难度适中，学生整体阅读效果颇佳。

为了让文本贴近学生，教师还可以将课内教材与课外资源相结合来确立话题。例如，教材中有以Christmas为主题的教学内容，教师可以Western Holidays为话题，寻找与Easter、Thanksgiving、Halloween等相关的文本作为一组文章组织群文阅读，从而拓宽学生的阅读视野，丰富学生的阅读积累。

（3）使用文本时要尽量保持原貌。教材中的课文受到立意选择、难度平衡和篇幅控制等多种因素的影响，使得它们的语言正式、立意集中和篇幅较短，适合在日常教学中进行精读。而群文阅读所需要的文本则不同，它们是用来进行泛读的，以还原真实的阅读情境。群文阅读的文本要尽可能保持原貌，这包括原文的立意、篇幅和语言，不应随意删除、替换和修改。当然，在实际操作时，如果文本语言难度过高，教师可以或放弃不用，或在尽可能保持原文韵味的基础上适当修改。

2. 关注问题设计，引发深度思考

问题是联结课堂教学所有环节和步骤的枢纽，也是激发学生参与课堂学习活动的主要手段。教师的问题设计很大程度上决定着学生的学习内容、学习方式和学习效果。可以说，教师的问题设计能力决定着学生思考的深度、广度和效度。群文阅读教学中的问题设计应重点关注学生思考能力的提升，引领学生学会深度思考。群文阅读教学的问题设计可从以下三个方面进行考虑：

（1）对文本整体进行提问

一般意义上的阅读教学中，教师更多的是对文本细节进行提问，关注词句之间的逻辑关系，或者是关注学生对核心语言项目的理解，而对文本整体意义的提问只是一带而过，可以说是关注"点"远多于关注"面"。而群文阅读教学中的提问则不同，教师的提问不在于多，而在于是否关注"面"，也就是关注文本整体。这种文本整体视角下的问题设计有助于学生对文本整体意义的理解和建构，从而使学生学会关注文本的主旨思想、文体结构和文化概念。

例如，本节课中的每一个问题都关注文本整体。教师在第一本绘本中设计的问题In Peter's eyes，why is it not easy being a kid？在第二本绘本中设计的Read and name活动以及问题In Lisa's eyes，why is it not easy to be a mother？都是为了引导学生理解文本的整体意义，使学生进行深层次思考。

（2）对群文共同点进行提问

对群文阅读的提问不仅要关注对单篇文本的整体提问，还要对群文内的所有文本的共同之处发问。由于学生阅读的是多篇文章，这些文章都有着共同的话题，教师对群文集体提问时的关注点就是它们之间的共同点，引导学生透过文本表象，发现群文的共有特性和实质内涵。

例如，在本节课的最后环节，教师呈现两本绘本的最后一页之后，向学生提问：What can you learn from these two stories？这样的问题使学生对两本绘本进行整体比较、分析和归纳，从而在"做小孩难"和"做大人难"的观点之外，找到了"父母与子女之间的互相关爱和理解"这一共同之处，进而使学生能走进文本深处，提升主体认知和升华个人情感。

（3）提问要联系课堂内外

对群文阅读的提问不仅对文本进行设问，还要通过提问引导学生走出文本，走向生活。因为学生的课外生活是他们自己亲身经历和体验的，有自己个性化的行为、思考和感触。正是学生课外生活的广阔性、独特性和差异性，使群文阅读有了很大的延伸空间。教师要找准文本与生活的联结点，让学生在带着期待走进文本的同时能带着思考走向生活。

例如，在本节课中，教师在阅读两本绘本之后分别提出了"你认为'做小孩难、做大人易'还有哪些原因？"和"你认为'做大人难、做小孩易'还有哪些原因？"两个问题，要求学生结合各自的生活说出体会。这样的问题设计将学生从文本拉入自己的真实生活，使课堂与生活无缝对接，在增强课堂教学效果和锻炼学生学以致用能力的同时，提升了群文阅读的意义与价值。

3. 构建生本课堂，体验真实阅读

群文阅读必须发展"让学"，让学生自己读，让学生自己在阅读中学习阅读。也就是说，构建以生为本的课堂是开展群文阅读教学的先决条件。只有实践以生为本的教学理念，将课堂真正还给学生，使学生在课堂上有更多的阅读权、自主权和话语权，学生才能在英语群文阅读的课堂上获取"带得走、用得上"的阅读能力。在构建生本课堂时，教师要注意以下两点：

（1）简化阅读教学的环节

在群文阅读教学中，一节课学生需要读2～4篇文章，这就意味着课堂上的教学环节不宜过多、过繁。教师不必过多苛求教学的艺术性，要弱化教学环节之间的起承转合、前后呼应和环环相扣，精简教学环节和过程，因为过于精细化的教学流程会占据学生自读自悟的时间。学生一旦失去了阅读和思考的时间，也就无法进行真正意义上的群文阅读。

例如，在本节群文阅读课中，教师设计的教学环节简单、明了，两本绘本的阅读均围绕2～3个核心问题展开，关注文本的整体意义和文化价值，忽略对文本词、句、篇的逐级教学，淡化教学活动之间的频繁转换，从而给学生留下了充足的自主阅读、合作阅读、分享阅读的机会。

（2）关注学生真实的阅读体验

群文阅读教学指向对学生在日常生活中真实阅读能力的培养。学生在日常生活中进行英语精读的可能性微乎其微，而默读、浏览等却是最为实用和有效的阅读方式。群文阅读教学的关键就是让学生在课堂上尽可能接近真实阅读，让学生获得真实的阅读体验。

例如，本节课中，教师在阅读材料的确定、主旨问题的设计、阅读活动的选择等方面充分显示出了对学生真实阅读体验的关注。学生通过经历真实的英语材料阅读、实用的阅读策略训练、联系实际的观点分享以及阅读体验之后的情感表述等过程，有了更为真实、全面和高效的阅读体验，逐步形成个性化的阅读方式和良好的阅读素养。

"1+X实践"英语活动课

美国著名心理学家布鲁纳说："对学生的最好刺激，乃是对所学教材的兴趣。"而什么是兴趣呢？《辞海》这样解释："积极探究某种事物或进行某种活动的倾向。"对于学生而言，兴趣就是积极认识事物、积极参与活动的一种心理倾向。学生一旦对英语产生浓厚的兴趣，就会乐于接触它，并且兴致勃勃地全身心投入学习和探索，变"苦学"为"乐学"，从而取得事半功倍的成效。既然兴趣是最好的老师，那么小学英语课堂教学就必须最大限度地激发学生的学习兴趣。针对小学生的心理特点，建构以活动课为主的教学模式，尽量运用生动、形象、直观的教学方法，开展有趣的课上活动，能使课堂教学声情并茂，从而激发学生的求知欲。

儿童往往是通过自身的活动去认识世界、体验生活、学习本领的。他们的好奇心强，模仿力强，"爱动"是他们的天性。在生活与学习中，孩子总是喜欢亲眼看一看，亲耳听一听，亲手摸一摸，亲自试一试。但是小学生集中注意力的时间不易持久，无意注意占优势，因此在小学阶段，英语教师有必要为学生创造一个民主和谐的学习环境，建构以活动为主的课堂教学模式，让小学英语课"活"起来，激发学生学习的兴趣，使他们能够产生学习动机，体验情感，主动地活动起来。在轻松愉快的氛围中架起生活和英语语言的桥梁，让学生积极参与，在动中学、学中动，充满乐趣地学习语言，上好英语课，从而培养学生创造性地运用语言的能力。

活动课教学法最早由教育心理学家杜威提出，他认为教育必须从心理学上探索儿童的能力、兴趣和习惯开始。教育总是对个人的教育，社会是由个人组成的，因而教育首先必须满足个人的需要。教学要为儿童的德、智、体、美、劳全面发展，为儿童的智力和情感的和谐发展提供养料，就必须依据儿童的兴趣、爱好来组织教学，这是根据学生的特点提出的，有一定的理论依据。因此，活动课教学就应围绕教学目标，充分利用学校教学资源，设计出学生乐于参与的游戏和活动，采用听、做、学、唱、玩、演等方法设计英语语言情景，使学生在轻松、愉快的活动中感受英语语言，理解和运用英语语言，在运用语言做事情的过程中获得积极、愉快的情感体验，从而培养学生的学习兴趣、成就感、自信心和积极主动学习的能力。

那么，在英语活动课上，我们可以做些什么？

一、用英语做事情

《英语课程标准》中明确指出，以学生"能用英语做事情"的描述方式设定各级目标要求，旨在强调培养学生综合运用语言的能力。各种语言知识的呈现和学习都应从语言运用的角度出发，为提升学生"用英语做事情"的能力而服务。

1. 分析教材，明确目标：能用英语做什么事

正确领悟这一教学目标是实践"培养学生用英语做事情的能力"的基础，教师在看到文本的第一步就应该思考：学生通过该板块的学习，能用英语做什么事？分析教材与学情是准确定位教学目标的前提。在这一理念的指引下，正确领悟教学目标是实践"培养学生用英语做事情的能力"的基础，教师在看到文本的第一步就应该思考：学生通过该板块的学习，能够用英语做什么事情？分析教材与学情是准确定位教学目标的前提。

2. 综合复习，有效输入：会不会用英语做事

美国语言学家克拉申教授在20世纪80年代初期提出的"语言输入假说"中指出，语言输入是语言习得的必要条件，学生必须通过大量的语言实践活动反复操练所输入的语言知识才能使之消化、吸收并进入长期记忆系统。然而，只有操练或是练习性输出是不够的，克拉申认为，人类学习语言不是单纯模仿、记忆的过程，而是创造性灵活使用的过程。因此，教师要通过创设接近实际生活的各种语境，采用循序渐进的语言实践活动，进行大量有效的语言输入，为学生用英语做事情打下良好的语言基础。

3. 合作学习，共同推进：怎么用英语做事

在有效语言输入之后，通过调查、观察、探究、展示、分享等形式进行跨学科活动，一系列真实性任务和教学性任务相结合，最终解决一个生活中的实际问题。这种学习强调的是以学生为中心，强调小组合作学习，每个成员需要努力克服英语学习中所遇到的困难，主动向他人请教；在英语交流中学会理解并尊重他人的意见；学会与他人分享各种学习资源，共同完成学习任务。

4. 关注过程，优化评价：用英语做事的效果如何

评价是英语课程的重要组成部分，科学的评价体系是实现课程目标的重要保障，英语课程的评价体系要体现评价主体的多元化和评价形式的多样化。

具体见以下案例。

【课程内容】

译林版小学英语（三年级起）六年级下册Being a good student。

【课程目标】

1. 通过复习，学生能在脑海里建构前四个单元的知识脉络，形成对habits的完整认识。

2. 通过调查，了解自己及同学各方面的习惯。

3. 能根据调查结果，思考如何去做一个好学生，并制作海报向他人倡议养成好习惯，争做好学生。

【课前准备】

对学生进行分组，5~6人一组，组长负责分配本组成员的任务和责任，协调小组成员间的关系，向老师反馈本组学习任务完成情况。针对生活习惯、学习习惯、饮食习惯、交通习惯四个方面，设计调查问卷，完成调查表。

【课程实施】

Step 1 Free talk

师生问候，直接揭题：Being a good student.

T: Are you a good student? Why? What makes a good student?

根据学生的回答总结：Good habits make a good student. Good habits make a good life.

设计意图：仔细研读教材，我们可以发现Part A谈论习惯，Part B谈论学生应该怎么做，不应该怎么做，两者之间缺少一个连接。因此，一上课教师就通过直接呈现课题，与学生交流他/她是否是个好学生，引出话题What makes a good student? 从而得出结论，好习惯成就好学生，由学生的真实情况创设谈论习惯的情景，为接下来的教学埋下伏笔。

Step 2 谈论 Amy and John的习惯

1. Memory game: What habits does Amy have?

要求学生30秒内记住Amy的习惯，然后请一名学生说出Amy的习惯，其他同学加以判断：It's a good/bad habit.

2. Discuss: What habits does John have?

教师要求学生两人一组阅读这段文本，然后一人说出John的习惯：John...另一人进行评价。

设计意图：两个段落的学习采用了两种不同的方式，避免了学习的单调乏味，让学生的学习积极性始终保持高涨。在这个环节的学习中，教师适当引入Getting up early is a good habit. Having breakfast every day is a good habit, too.这种动名词作主语的句型是教材中没有的，可以让学生感知运用。

Step 3 Sum up

1. Read and sum up.

在这两段文本学习完了之后，教师引导学生齐读文本，用不同颜色的笔画出不同的习惯，并归纳：living habits、learning habits、eating habits和traffic habits。

2. Discuss.

就四个方面的习惯，四小组分别选一个习惯进行讨论，归纳具体做法并汇报。

设计意图：如果仅仅局限于巩固旧知，学生的课堂学习就会停留在学过的知识和学生已经形成的能力上，不会在原有基础上有提高。纵观前几单元都是跟habits有关，因此结合文本引导学生进行总结归纳是很有必要的，让学生在脑海里形成habits的知识脉络，大量语言输入为接下来的语言输出做好准备和示范。

Step 4 活动

1. 反馈调查结果

（1）播放学生问卷调查的视频和图片。

（2）PPT呈现调查结果的数据统计，引导学生得出结论：What can you find?

设计意图：设计问卷调查的目的，是让学生真实感受到自己以及身边同学在习惯养成方面存在的问题，有了问题才会有改进，才会引出下面的讨论环节，该怎么做，不该这么做，也才会有发出倡议书的理由。我们不能为了做倡议而做倡议，而应该在真实的生活中感知英语、运用英语，当英语的任务与现实生活紧密联系时，才是真正地用英语做事情。

2.根据调查结果讨论

What should we do? What shouldn't we do?

合作小组讨论后比赛，说出正确句子最多的小组获胜，要求人人发言，每个人最多说两句。

3.制作海报

（1）出示poster模板。

（2）根据模板，师生共同完成一篇poster，在这个过程中，教师引导学生先发现问题，再提出建议，最后设计口号。

（3）合作小组共同完成poster制作。

（4）展示poster。

设计意图：一份优秀的poster应该是版面和内容的完美结合。课前设计好版面，配好图，涂好色，课堂上重点解决内容。教师给出示范，学生根据各自的思维共同合作完成。

4.课后活动

课后继续完善poster，班级评选，从中选出优秀作品，在校园内外进行宣传，让学生真正将课堂上学到的知识运用到课外去，"得法于课内，得益于课外"。

设计意图：侧重教学过程的评价，采用师评、生评、自评、竞赛等多种方式对学生进行评价，积极引导学生，发现他们的闪光点。校内外的宣传会充分激发学生的荣誉感。

课程实施评析

金坛教师发展中心　钱荷琴

本课充分反映了用英语做事情的设计理念，教师在教学时要准确定位教学目标，找准话题之间的结合点，创设逐层递进并彼此联系的语境，要对已学的内容进行适度的拓展和延伸，引导学生进行梳理和归纳，变无序为有序，要充分发掘文本中蕴藏的巨大能量，立足文本和生活开展各项语言实践活动，培养学生用英语做事的意识和能力，让静态的文本变得鲜活。

二、英语故事表演

目前，大多数小学英语教材以围绕主人公发生的故事为主课文，呈现本单元的核心语言知识点，而且有专门的故事学习板块。教材中的故事虽然篇幅短，但仍然具备人物、时间、事件等故事的基本要素。教师应充分挖掘故事文本的隐含信息，丰富情感线索，实现语言与情感、语言与思维的共进。

结合教学实际，教师在故事教学的语言活动设计中要力图在活动中发展学生的语言综合运用能力。依据故事教学实践和探索，故事教学可采取任务呈现——学习新知——巩固新知的基本模式，如下：

1. 故事教学前——任务呈现

让学生置于需要完成任务情景的氛围中，引起学生的兴趣，使学生处于一种主动、积极的能力状态，触发学生完成任务的迫切需求，从而使学生进入"参与任务"的环节。该环节常见的任务如下：

（1）从故事题目预测故事内容。学生可以展开头脑风暴，大胆预测故事内容，提高学生验证自己的预测的积极性。

（2）展示故事的主体图，鼓励学生预测内容，根据情景理解故事大意。

（3）出示本故事的几个关键词，让学生预测故事内容。

（4）和学生讨论故事内容和学生自己相关的经验，鼓励学生充分交流他们已知的相关知识。这是激活他们现在知识的有效途径之一。

2. 故事教学中——学习新知

学习新知是与学生进行交流和讨论等学习活动，它包括学生个体独立学习和小组合作学习，但学习的内容是围绕本节课的教学目标和要求进行。说故事者在整个过程中可通过声音与手势让孩子看到并相信这个情景的存在。说故事者在传达故事角色的动作表情上也应适度的投射，如奸诈、害怕、高兴的表情，使听众能认同。学生在听故事时，鼓励他们对其中情节做出反应或互动。如下：

（1）偶尔问一些问题，以了解学生对此故事的理解程度。

（2）在适当的情节，让孩子预测下面将发生何事。

（3）让学生说出自己对此故事的观点。

（4）讲完故事后，教师可以带读、学生续读、学生独立读或学生用动作表演故事中的某个词或者句子，其他学生猜等形式帮助学生讲故事。

3. 故事教学后——师生合作，巩固新知

学生在教师的引导下对所学知识进行巩固，在学生没有对新知识达到一定熟练程度之前，学生很难将所学知识运用到实际生活中。而由师生共同合作，结合任务进行对话、交流等活动，这就是"师生合作，巩固新知"环节。包括：

（1）针对故事内容、图画，让学生写一些句子。

（2）以剧本表演的形式或边听/讲故事边表演，再现故事内容。

（3）回溯此故事的要素（问题、目标、问题解决等）。

（4）图片阅读。教师可以将图片与文字分开，把图片和文字打乱顺序，再分组编号，学生以小组或者个人合作阅读，使图文正确配对。

（5）给故事添结尾。学生通过对故事再创造，使故事更具体、生动，更有创造力。

详细操作步骤和演示过程请看以下案例。

【课程内容】

译林版小学英语（三年级起）五年级上册 Unit 1 Goldilocks and the three bears。

【课程目标】

1. 在整体理解的基础上听懂、会说、会读故事中出现的词汇：bear、forest、there、soup, just right、hard、soft、afraid。

2. 能够听懂、会说、会读日常用语：What a beautiful...! This...is too... Help!

3. 能理解故事并有感情地朗读故事；能和同学合作表演故事或续编故事。

【课程实施】

Step 1 Warm-up

Free talk.

T: Welcome back to school! Nice to see you again! This is our first lesson of the new term. Today, I'll tell you a story as a gift for your new term. Do you like stories?

Ss: Yes, I do.

T: Good. Now let's read a story together.

设计意图：创设情境，引出讲故事这一话题。

Step 2 Presentation

出示故事背景图：

There is a house in the forest.

T: Look! What can you see in this picture?

S: Trees.

T: Yes, we can see a lot of trees. What place is it, do you know?

S: （可以用中文回答。）

T: Good, it's a forest. Now look, it's very big and beautiful. There are many trees and flowers. There are some birds. Listen, they're singing. （播放鸟叫的音频）Many animals live here. Maybe it's their home. Look! What's that in the forest?

S: It's a house. （预习得好的同学应该可以回答，教师新授house。）

T: I think, it's a beautiful house, do you think so?

S: Yes.

T: Great! There's a house in the forest. Whose house is it? Oh! Here comes a girl. Her hair is gold. People call her Goldilocks. Is that her house? Maybe! And today, our story is going to happen in this house.

设计意图：通过视听激发学生对故事的学习兴趣，导入故事发生的地点和人物。

Step 3 New teaching

1. Watch and answer.

T: Whose house is it?（播放视频。）

S: The three bears'.（教师根据学生回答新授bear。）

T: This is the bears' house. What a beautiful house!（模仿录音。）

T: The house is so nice, and Goldilocks goes into the house.

设计意图：整体把握故事大意，揭示课题。

2. Read and find out.（分三个场景开展学习。）

T: What's the matter with Goldilocks at first?

S: She's hungry and thirsty.

T: What's the matter with her then?

S: She's tired.

3. Look and say.（分场景学习。）

a. T: What can Goldilocks see in the house?

S: She can see some soup（汤）on the table. There is some soup on the table.（教师新授 soup。）

T: Goldilocks is very hungry and thirsty, so she tastes the soup. How is the soup?

S: The soup is too cold/hot.

T: What about the third one? It's just right.（教师新授 just right。）

（①引导学生自读第一个场景并尝试表演；②教师播放录音，学生跟读模仿。）

b. T: Goldilocks is tired now. There are three beds in the room.（看图说。）She is trying to sleep in bed now. How are the three beds?

T: Look at the three beds. Are they the same?

S: No, they aren't.

T: How is this bed? Listen.（教师敲击讲台，做出疼的样子。）Ouch, it's very hard.（教师新授hard。）What about the second bed? Listen.（播放音频。）Oh, it is soft.（教师新授soft。）

T: OK. Look at the picture on the right, if you were Goldilocks, what would you say?

S1: This bed is...

（学生回答结束后，全班跟读三句话。）

设计意图：获取课文的细节信息。学生已经学过hot和cold，所以在此不再重复。hard和soft是初次接触，通过实物或触觉感知单词并学习效果会更好。

4. 学生跟读并尝试表演。

5. T: Goldilocks is running away. Look at her face. She is crying. How does she feel?

S: She is afraid now. （教师新授afraid。）

T: Why is she afraid? Read the story, then tell me. （学生自读故事并思考问题。）

T: Because there are three bears in front of her. （教师新授in front of。）

T: What did the bears say?

S: Who are you?

T: What did Goldilocks say?

S: Help! Help! （解释意思。让男生和女生分角色读一读最后一幅图，教师指导afraid情绪。）

设计意图：通过多层次的模仿帮助学生掌握故事内容。

Step 4 Acting

1. Read the whole story.

（1）T: Very good. This time, let's read the story after the tape. （学生一起跟读录音，教师指导朗读。）

（2）T: OK. This time, you can read in group. （四人一组自由读。）

（3）为故事配音。

（4）学生戴头饰分角色朗读故事。

Step 5 Consolidation

End the story.

（1）T: Goldilocks runs and runs. What will happen at last? Please discuss in your group.

（2）教师引导学生发挥想象，给出一个美好的结尾。

（3）Act the story: After Goldilocks running...

Step 6 Homework

1. Copy the new words.

2. Read and recite the story.

3. Try to talk about "Think and say" on Page 8 in pairs.

课程实施评析

金坛教师发展中心　钱荷琴

在英语课本剧表演中，需要做到以下两点：

1. 关注学生对文本的整体感知和细节信息的获取

英语故事本身作为一种阅读素材，非常有利于学生理解英语、体验英语。学生必须能够读懂故事，教师要通过整体感知和细节获取帮助学生厘清故事的发展脉络。

2. 基于文本的有效拓展

有梯度的阅读活动设计能激发学生的求知欲，调动学生的积极性，集中学生的注意力，刺激学生的语言思维。基于文本设计一个有挑战的拓展活动能让学生的语言综合运用能力和创新思维得到很好的锻炼和启发。

三、英语活动项目化

译林版英语教材中的项目板块教学通常被定义为"一个综合语言实践项目"。采用形式多样的语言综合实践活动，让学生在实践活动中，通过思考、调查、讨论、交流、合作等环节，综合运用前几个单元所学的语言知识和语言技能，完成关于某一话题的任务，并掌握这一话题的相关知识。这样的功能设置反映了以综合语言运用能力为核心的课程目标定位，体现了《新课程标准》"学用合一""知行合一"的语言教学理念。核心素养背景下项目板块的教学不仅关注语言实践活动的结果，更要关注学生学科素养和能力的形成，即项目板块的教学应回归"项目教学法"本身。项目板块教学是还原项目实施的完整过程，帮助学生体验和感悟语言的实际运用，提升语言能力、思维品质、文化品格和学习能力，并能在后期独立实施，实现学与用的平衡。

1. 教学目标——凸显过程

项目教学的过程实质是学生参与的一种创造性实践过程，教师需将引导学生体验和经历项目的过程，并掌握其实施方法作为教学目标的首位，这也是项目课与复习课的重要区别：一个重视过程和方法，一个重视知识和结果。

2. 课堂实施——体验过程

项目板块的教学流程为计划—准备—制作—展示，基于小学生的认知和理解水平，调整为思考—交流—制作—展示。

（1）思考环节，任务驱动，发散学生思维。在项目活动准备环节首先要解决"为什么""做什么"和"怎么做"的问题。"为什么"即活动目标，要基于真实情境和学生兴趣，要激发学生解决问题的内驱力。"为什么"和"怎么做"的问题则是为项目的开展建立时间操作的框架。在这个环节，教师既要引导学生跳出课本，开拓维度，发散思维，又要基于现实情况的可操作性展开合理的思考和设计。

（2）学生组内交流，合作探究。信息的真实性来源于对学生真实生活的调查和学生个性化信息的程序；信息的完整性需要通过分工合作完成；信息结果的可靠性需要学生通过整理、比较、分析达成。学生需经历收集、整理、分析的过程，逐渐形成信息处理能力和合作探究能力。同时，在课堂上，学生对信息的收集、加工和处理大多通过讨论、交流和表达来完成，这也体现了语言学习的交际协商特征。

（3）学生各尽所能，完成作品。学生自己动手，分工合作，完成作品，既能将项目化学习成果具象化，又能将其运用到实际生活中，提升了生活实践能力和合作学习能力。

（4）展示成果，综合评价。项目展示是学生分享成果、展示特色、获取反馈、建立自信的重要环节，同时也是学生运用重点语言知识综合表达思维成果的过程。

3. 课后作业——运用为重

项目化学习具有在现实生活中的可操作性。一般在完成项目学习后，学生通常能按照课程的具体要求构想、制作出具体的作品。因此，课末的总结回顾重在帮助学生理解和掌握该项目的流程和方法，以更好地迁移到课后作业中，实现学以致用。

项目化学习一般分项目前、项目中、项目后，由于受时间限制，课堂一般呈现项目中环节或项目后的展示环节。下面这个案例的英语活动项目化非常成功，不妨一看。

【课程内容】

译林版小学英语四年级下册 Project 1 My school life。

【课程目标】

1. 通过体验项目的完整实施过程，使学生掌握项目流程的基本操作方法，并完成本节课的项目作品——《校园生活手册》。

2. 使学生基于制作《校园生活手册》的项目情境，复习1~4单元的主要语言知识，为完成项目作品提供内容和语言支架，提高意义协商和语言表达能力。

3. 使学生在合作完成项目的过程中培养收集、分析和整合信息的能力，以及任务分工与合作能力，并发展逻辑思维和创新思维。

【设计理念】

译林版英语四年级下册Project1 My school life，包括My day、My school subjects、My timetable和My school。教材展示了Peter制作的校园地图以及对校园生活的介绍，旨在引导学生学会如何介绍学习生活。

【课程实施】

Step 1 思考交流，确定主题

There are so many teachers and they want to know more about your school life. Would you like to make something like Peter's map?

引到 Our school life

T: Peter made a map of his school and talk about his school life.What can we make?

S1: We can draw some pictures.

T: Very good! What else?

S2: We can make our school.

T: Can we make our school? Maybe we can make a model of our school.

S2: Yes.

T: Good idea! You have so many good ideas. I have one idea. Let's make a handbook for our school, shall we?

Ss: OK.

Step 2 组内交流，合作探究

1. Discuss: What can we introduce our school?

引出四个维度，Our day、Our subjects、Our school、Our ...

2. Talk and survey in group of 4.

组内成员根据自己的意向，选择下列一个维度，向周边同学进行调查。

Our day：用When do you ...? /Do you ...? 询问作息时间。

Our subjects：用What subject do you like? /Do you like...? 询问周边同学，收集学生的学科喜好信息。

Our school：用We can see.../We usually...等句型创编一个谜语，让同学猜是哪里。

Our...：首先将标题补充完整，并围绕所选择主题，向周边同学提问或介绍。

设计意图：四人一组，四个维度，四种任务，强调学生间的分工协作，以保证内容的完整性和呈现方式的多样性，同时复习了已学的核心句型。

3. Report and talk.

完成信息收集和呈现后进行分组，选择同一维度的学生组成一个大组。再进行全班互动。

（1）Game：Me too

Our day小组进行汇报，其他三大组同意就说Me too.不同意就说No, no.并陈述自己的时间安排。

（2）Riddle

Our school小组用We can/usually...等句型编写谜语来介绍自己最喜欢的地方，并鼓励其他小组也参与创编谜语，讨论自己最爱的地方。

（3）Introduction

Our subjects小组通过调查发现，学生最喜欢的学科是体育，并用We all like..., because...这一拓展句型来进行汇报。教师则引导其他小组用更多句型来谈论他们喜欢的学科。

（1）在开放性维度Our ...一组中，学生通过作品和比较，统计出学生谈论最多的是Our teachers，其次是Our friends。学生根据自己所选主题展开描述。

设计意图：同质小组讨论是学生基于收集的信息展开分析、形成结论的过程。在讨论和表达的过程中，学生逐步理清思路，形成观点。

Step 3 各尽其能，完成作品

（1）教师示范，利用板书上各维度的版面，添加封面和目录，制成一本校园生活手册。

（2）学生分组完成本组的校园生活手册。

设计意图：课件中进行步骤指导，鼓励学生增加目录、封面，并适当装饰，最后装订成册，旨在训练学生做事的条理性。编写目录既给予学生自主性，同时更关注其选择的内在逻辑性。

Step 4 展示成果，综合评价

1.各小组借助编制的手册介绍校园生活。

2.学生评价。

项目自评（他评）表	
手册漂亮吗？	☆☆☆
内容丰富吗？	☆☆☆
语言准确吗？	☆☆☆
声音响亮吗？	☆☆☆
……	☆☆☆

设计意图：学生的评价也是基于多元维度展开的，这一过程中，学生的合作能力、语言运用能力和评价能力都能得到提高。

Step 5 Homework

Do a new project: My_____

设计意图：学生完成展示之后，课堂进入总结环节，提炼开展项目的具体方法，为加深印象、巩固所学、学以致用，教师要求学生课后完成新的项目作品。

课程实施评析

金坛教师发展中心　钱荷琴

项目化教学的本质就是引导学生经历从"学会"走向"会学"和"会用"。"学会"强调的是知识学习的结果；"会学"强调的是学习过程中能力的形成；"会用"则强调的是知行合一，要求学生能将所学知识迁移到生活中，处理和解决新的问题。项目化教学改变了学生传统的语言学习方式，拓宽了语言学习的视野和渠道，与当下从语言综合运用能力走向英语学科核心素养的课程与教学变革的趋势相符。要求教师走向以学习为中心的课堂范式，关注学生在学习过程中能力和素养的形成，注重将《课程标准》和核心素养所涉及的关键概念、核心经验与真实情景的问题相融合，使学生的学习更具生活价值。

第三章

1+X课程的实施建议

　　基于小学英语学科关键能力的1+X课程的呈现方式是多样的，不是死板、一成不变的。1+X课程的本源在于小学英语学科的关键能力。"1"是样本，是习得的主要资源；"X"则是在"1"之后的有益补充、延伸、综合和提高。如何在教学好"1"的基础上又学习好"X"？如何把"1"和"X"融合，互为补充，产生一加一大于二的结果？这需要教师创造性思考、创造性工作。我们课题组在实践中也总结了一些经验，作为建议呈于读者。

1+X课程要为英语关键能力的提升架桥

1+X课程体现了"自主学习，指向英语关键能力的培养"的内涵。1+X课程的实施既要有助于英语理解能力的形成，又要有助于英语表达能力的提升，还要促进英语思维能力的提高。

当前我们的英语教学，大多一节课教一篇短文，用大量的时间学习生词、新句及语法等语言知识，之后的复习巩固也都是抄写、背诵、默写、练习等方式，对英语关键能力的形成和提升没有作用。1+X课程的实施使学生不仅加大了阅读量，更重要的是让学生在多篇文章阅读中进行比较归纳、分析综合、深入思考，这样就为学生理解英语、表达英语、学习多样化的阅读方式、培养终身阅读习惯奠定了基础。

1+X的课程建设及实施要有助于英语学科关键能力的形成，必然要注意搭建好学生关键能力提升的桥梁，为学生英语关键能力的习得和巩固服务。

一、以文章内容为主线，搭建学习桥梁

现行的小学英语教材是以话题组成单元的，一个单元围绕一个话题进行听说读写的训练。例如，牛津版六年级上册英语教材第一单元课题是《The king's new clothes》，是由安徒生童话改编的一篇童话故事。我们可以先指导学生精读课文，感受童话故事的魅力，体会童话故事蕴含的深意，习得"抓住人物的语言、动作、表情表演课文"的方法，再以"童话故事"为主线，搭建学习其他几篇故事的桥梁；也可以上好单元总结课，把单篇课文教学时获得的散乱的知识系统化，完善学生的认知结构，让教材的功能充分发挥出来。

二、以语言训练为主线，搭建学习桥梁

牛津版小学英语教材中，四年级上册Unit 8 Dolls主要的语言知识是正确运用...have/has...、...is/are...及he/she、his/her。我们以下面的教学设计为例，看如何以语言训练为主线，搭建学习桥梁。

Step 1 Warming up

1. Enjoy a song: animals, animals are everywhere.

2. Free talk.

（1）What's the song about?

（2）Where are these animals?

（3）Which animal do you like?

设计意图：本环节通过欣赏歌谣，就歌谣师生展开对话，以及描述自己最喜欢的小动物，不仅激发了学生的兴趣，引导学生围绕教材中的主要词汇和句型展开复习和巩固，还自然引出绘本主人翁Zoe，为后续阅读做铺垫。

Step 2 New story Little Zoe looking for Mum

1. Before reading.

（1）Look and guess: Why Zoe gets away from the zoo?

（2）Look and say: what do you know from the cover?

设计意图：使学生带着好奇进入故事。利用故事插图、封面和问题将学生的注意力引导到新故事上来，学生通过图片尽可能多地获取信息。Zoe离开动物园是想寻找妈妈，那么她一路上经历了什么？带着这些信息和疑问进入文本阅读。

2. While reading.

First part:

（1）Skim and get: Who does Zoe meet?

（2）Scan and underline: Why are they not Zoe's mum?

（3）Imagine and say: 学生根据前两个例子，和同桌说说斑马和乌龟与Zoe可能的对话（见下图）。

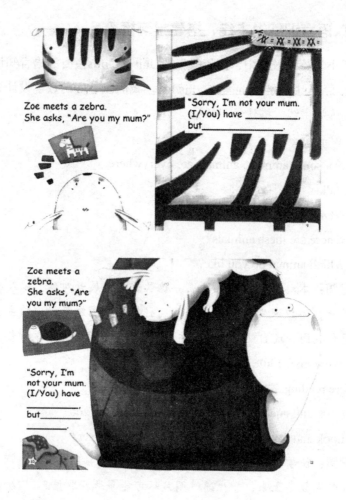

（4）Read and act

设计意图：让学生带着思考品味故事。在"找妈妈"的一路上，既复习了旧知又拓展了新知，注重培养学生自主思考的能力，在表演中引导学生更好地体会人物感情。

Second part:

（1）Think and guess: What will happen?

（2）Read and order

（3）Read and discuss:

What can bear Mum give to Zoe?

（4）Act and feel

（5）Enjoy the ending

设计意图：让学生带着想象预测故事。在阅读后半部分绘本前，鼓励学生先预测，再翻阅排序。不仅丰富了学生的想象力，而且通过排序这一环节让学生更清晰地掌握故事的发展。

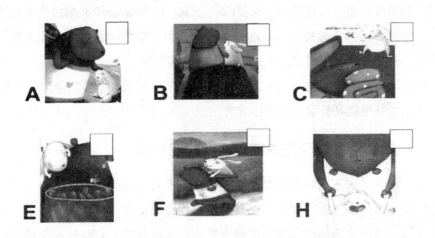

3. Post reading.

（1）Listen and read

（2）Think and share:

① Do you like bear Mum? Why?

② Do you like the animal family? Why?

③ What can you do for your classmates?

设计意图：让学生带着思考评价故事。聚焦人物品格，在学生的评价中提炼优良品质，总结在生活学习中的待人之道，体现英语语言的工具性和人文性双重价值。

本课以Little Zoe looking for Mum为依托，在教材Dolls学习的基础上，在阅读中学习、运用...have/has...、...is/are...及he/she、his/her描述人物，指导学生将习得的语言知识迁移到新的阅读和表达中。以语言训练为主线，搭建学生学习的桥梁，不仅理解了文本要义，获取了语言知识，而且还关注了话语形式的存在和语言运用的训练。学生既得"意"又得"言"，从阅读理解走向了表达运用。

三、以文本话题为主线，搭建学习桥梁

教学中，笔者以单元话题为主线，搭建学生学习的桥梁。例如，先指导学生阅读牛津英语译林版五年级Unit 6 Holiday，理解中国的一些传统节日，师生共同绘制思维导图；再指导学生阅读Christmas、Halloween等介绍西方节日的文章，让学生自己画一画每个节日的思维导图，引导学生比较思考中西方节日有什么相同之处。学生很快就能在比较阅读中发现异同。

1+X课程的教学实施，以一篇带多篇，教师容易教，学生容易学，可操作性强，能很好地提高教学目标的达成度。

四、以综合性学习为主线，搭建学习桥梁

基于综合性学习的1+X课程，让阅读材料成为探究性学习资源。为了加强英语课程内部诸多方面的联系，以及英语课程与其他课程和生活的联系，促进学生英语素养的全面协调发展，牛津小学英语（译林版）教材从三年级开始，每册教材安排了两个单元的Project，并提供了多种"综合性学习"的可能。译林版英语教材中的Project板块教学通常被定义为"一个综合语言实践项目"。采用形式多样的综合语言实践活动，让学生在实践活动中通过思考、调查、讨论、交流、合作等环节，综合运用前几个单元所学的语言知识和语言技能，完成关于某一话题的任务，并掌握这一话题的相关知识。这样的功能设置反映了以综合语言运用能力为核心的课程目标定位，体现了《新课程标准》"学用结合，知行合一"的语言教学理念。核心素养背景下Project板块的教学不仅关注语言实践活动的结果，更要关注学生学科素养和能力的形成。但在Project板块教学中存在以下问题：教师对综合板块的设计意图不够明确，对板块的理解存在误区，把综合板块等同于复习板块，仅关注学生语言学习达成的结果。综合性教学的过程实质是学生参与的一种创造性实践过程。教师需将引导学生体验和经历，并掌握其实施方法作为教学目标的首位，这也是综合性学习课和复习课的重要区别：一个重视过程和方法，一个重视知识和结果。

如四年级下册 Project 1 My School life，包括My Day、My school subjects、My timetable和My school。教材展示了Peter制作的校园地图及其对校园生活的介绍，旨在引导学生学会如何介绍学校生活。本节课的教学目标设置如下：

（1）通过体验综合性学习的完整实施过程，使学生掌握综合性学习流程的具体操作方法：计划（planning）、准备（preparing）、制作（producing）、展示（presenting），掌握综合性学习的基本方法，并完成本节课的学习任务——制作《校园生活手册》（Our school life handbook）。

（2）使学生能基于制作《校园生活手册》的情境，复习第1～4单元的主要语言知识，为完成作品提供内容和语言支持，提高意义协商和语言表达能力。

（3）使学生能在合作完成综合性学习的过程中培养收集、分享和整合信息的能力，以及任务分工与合作能力，并发展逻辑思维和创新思维。在教学实施中，先教学计划—准备的讨论即语言运用，再让学生各尽其能，完成作品。"用中学"是综合性学习的基本属性之一。学生自己动手，分工合作，完成作品，既能将学习成果具象化，运用到实际生活中，也能提升生活实践能力和合作学习能力。展示是学生分享成果、展示特色、获取反馈、建立自信的重要环节，同时也是学生运用重点语言知识综合表达思维成果的过程。作品完成后，各小组都急切地展示和分享各自的学习成果。在前几个环节充分铺垫和准备的基础上学生再次合作，展示项目成果。各小组借助编制的小手册介绍校园生活，每一个维度都丰富生动，并能够基于情境添加恰当的开头和结尾，使校园生活的文本介绍更加完整连贯。在这一过程中，学生的合作能力、综合语言运用能力以及评价能力都得到提升。

1+X课程要处理好"教"与"学"的平衡

　　学生要展开自主、合作、探究式学习，必须要具有自主、合作、探究的学习能力，否则学习只是形式上的而不是实质性的。学生的这种学习能力的获得离不开教师的教，学生年级越低，这种能力就越低，教师的教就越重要，这是其一。其二，我们再从英语学科的特点看，英语教学应该是学生在教师的引导下，凭借教材，通过听、说、读、写的实践活动，在获得知识、能力的过程中，学会学习，受到精神滋养，促进身心健康成长。因此，"教"应该是"学"的保障。在1+X课程实施教学中，学生是课堂的主人，是学习的主体，是一切教学活动的出发点和归宿点，这一点毋庸置疑。《新课程》里提倡的1+X课程实施教学赋予了教和学新的内涵，与传统的教和学有一定的区别。在1+X课程实施教学中，学生学的第一要务不再是单一的获取知识，而是要通过学习知识获得学习能力，学会学习。教师的教也不再是传统的唯知识教学，而是为学生学习而教，为学生学会学习助力。学是教的目的，教是学的保证。在目前的课改理念下，我们需要厘清教与学的关系，既不能忽略学也不能淡化教。

　　《新课程》提出学生要进行自主、合作、探究式学习，大家仿佛被这种理念束缚了自己的教学思想。在这样的课改理念指引下，大家不再提教师的教，唯恐教师教多了就剥夺了学生自主、合作、探究式学习的机会。但笔者坚持认为，学生学习方式的转变是非常重要的，也是我们1+X课程实施教学的核心所在，但这并不是否定教师的教，而是要改进教师的教，改变传统教知识是唯一目的的理念，提倡教师向着教会学生学习的目标来教。另外，学生的自主、合作、探究式学习要在课堂上落实是有条件的。首先，教师应积极创设适合学生自主、合作、探究式学习的课堂氛围，让学生拥有自主、合作、探究式学习的意识；其次，教师要教会学生自主、合作探究式学习的方法；再次，教师要培养学生自主、合作、探究式学习的能力，这一系列要求，必须通过教师的教，学生才想学、能学、会学。学生如果没有相应的方法，不具备自主、合作、探究式学习的能力，课堂则会变成一团乱麻。

学生处于教学双边活动中，并且在教师引导下，自主发现、自主探究、自主质疑、自主发展。对小学生而言，如果在教学中离开了教师的引导，他们常常就会变得无所适从。当"以学定教，先学后教，慕课、翻转课堂"盛行之时，有的教师和专家在强调"以学为主""以生为本"的同时，把教师的"教"置于学习的对立面，仿佛一提到"教"，就一定会轻视"学"，一提到发挥教师的主导作用，就一定会削弱学生的主体作用。有人甚至认为，教师的"教"就必然是"灌输""注入"，是"讲风不息"，于是害怕提"教"，以致教师在课堂上该讲的没有讲、该导的不敢导，需要严格要求的地方也忽视了。因此学生学得半生不熟，吃了"夹生饭"。作为1+X课程实施教学必须夯实X（教师的教），如果学生没有在教师的助学下，形成学习能力，掌握学习方法，就无法谈及迁移学习，当然也就不存在"1"（学生的学）了。"教"是什么？"教"就是教师在教学中的组织、引导、激发和调控，是学生学习的催化剂，是学生学习发生的助推剂。实践证明，"教"若有方，"学"必多得；"教"不得法，"学"必低效。"学"是"教"的目的，"教"是"学"的保证。"教"与"学"辩证统一于教学活动中，二者相伴而行，互补互促，教学相长。

在四年级教材Unit 5 Season的教学中，教师从引领学生看图讨论四季，到让学生读文本，体会诗中各个季节声色一体、动静结合的画面，再到理解课文、习得语言，最后到诗文的吟诵，每处都蕴含了教师有效的教。之后，教师引导学生模仿写诗，让学生学以致用，并配上图画，做到图文结合。教师的教不是对课文的枯燥讲解，而是教学生"诗中有画、画中有诗、诗文结合"的特点，并让学生自我尝试运用方法、运用语言。教是为了学生更好地学，教是学的需要。

综上所述，教与学共存于一定的教学活动之中，二者相辅相成，互促互进，共同推动着教学过程的发展。课堂是学生学习的主阵地，学生学习能力的形成建立在教师教的基础之上，因此，教与学皆不可偏废，重学亦应重教。

1+X课程实施教学要以"学习"为中心

在教学改革和实践的过程中，教学中心论大致经历了三个阶段：以"教"为中心，以"学生"为中心，以"学习"为中心。在以"教"为中心的阶段，学生的主动性、积极性难以充分发挥，独立自主的学习能力难以培养；在以"学生"为中心的阶段，往往又会使学习陷入无序无效之中；在以"学习"为中心的阶段中，教师和学生的地位都显得重要，成了一个不可分割的有机的整体，互相发挥作用，共同促进有效的学习。

学习中心论是由著名教育家Nunan提出的教学理论。他指出，新型的"以学习为中心"的外语教学模式应该具有以下的特征：尊重学生并把其作为一种学习环境的资源；学生自主确定学习目标和学习内容；要面向问题学习；学生有一定空间为自己做决定，并可以选择不同的学习途径；学会与人合作；学生以自测的方法来了解自己的学习情况；教师是学习的促进者而不是知识的源泉。"以学习为中心"的外语教学模式是和主要建立在以行为主义为理论的操练和强化以及传统认知主义的语言知识的传授的外语教学模式相对立的。"学习中心论"也克服了"教师中心论"和"学生中心论"这两个理论将教学过程中密不可分的主体割离开来，使其成为对应立体的缺点，它强调学生是学习的主体、内因，并把学习过程和学习结果都考虑在内。教师不再完全介入整个教学过程，而是综合各种因素给学生提供指导。"以学习为中心"不仅要充分考虑学习者的学习动机和学习过程，而且要制订出使其达到目标的一系列措施，"以学习为中心"关注的是学习者的语言学习过程，即如何高效率地学习语言。

1+X英语课程主要的教学理念就是做好前一个"1"的文本教学的夯实，教给学生的学习方法，培养学生的学习能力，再通过迁移学习后一个"X"的教学，巩固学生的学习方法，提升学生在前一个"1"初步形成的学习能力，进而内化为学生的素养。因此，教学内容一定要有密切的联系，后一个教学内容一定要适合学生学习能力的迁移，也应该与前一篇文章有一定的联系，以便于迁移，便于自学，便于提升。教学内容的整合点一定要基于学生的学，服务学生的学，有利于学生的学。

1+X课程实施教学要以"学习"为中心，即其关注点要由"教师的教"转变为"学生的学"，如何转变？

一、恰当而精心地组织教学过程

教师应了解和熟悉学生的实际，吃透教材，精心设计教学过程。教师要认真钻研教材，对每一章、每一节的要点、难点，对自己所讲的内容做到心中有数，要反复推敲每节课中的每一句话，从而使课堂中语言精练、有条理。上课前要让学生先预习，设计好预习应弄清的问题或是本节课应达到的目标，学生对上课时的课堂结构、内容、时间等进行自学安排，决定是教师讲，还是学生练习；多调动他们学习的主动性和积极性，激发学生学习兴趣的材料等都应做到精心设计、精心安排、精心组织，这样才能够在课堂上做好"导"，也才能体现学生的主体作用。

二、充分调动学生学习的主动性和积极性

美国心理学家布鲁纳曾指出："学习的最大刺激是对所学知识发生兴趣。"兴趣孕育希望，兴趣滋生动力。学生的学习积极性、主动性如何才能调动起来，关键在于教师的"导"。古语说："知之者不如好之者，好之者不如乐之者。"就是说，在教学中若不培养学生的学习兴趣，调动其学习积极性，是搞不好教学的，所以教师必须精心设计特色教法，设计新颖的新课导入方式，创设巧妙的问题情境与和谐的教学氛围。还要变换教学手段，变换活动形式，如以讲故事、搞竞赛、做游戏等形式激发学习兴趣，调动学生的学习积极性和主动性。另外，还要善于发现学生的闪光点，多表扬、少批评，多鼓励、少埋怨，帮助学生树立学习信心，激发他们的学习兴趣，消除思想障碍。

三、培养学生的自学能力

著名教育学家斯宾塞曾说："在教育中给学生讲的应该尽量少些，而让他们去发现的应该尽量多些。"自学能力不是一朝一夕形成的，而是在长期的教学过程中逐渐培养起来的，在低年级教学中，每节课教完知识后，都要让学生总结：这节课你明白了什么？也就是总结本堂课要点。到了中年级，学生思维、理解能力提高了，具备了一定的自学能力，让学生总结要点的同时，按照这些要点，回到教材中再阅读，并把要点逐个与教材对应，这样训练一段时间，学生就会渐渐领悟到，教材的每一部分都是围绕知识要点来叙述的，从而为学生自学能力的培养奠定了基础。教师鼓励学生联系现实生活，列举实例来领会，对于可直观操作的知识，鼓励学生自制学具，引导他们动手剪一剪、摆一摆、想一想、说一说、听一听、议一议，来加深对知识的理解和掌握。教师做好引导、辅导、点拨的工作，其主导作用得以体现，教学质量自然会得到提高。

四、建立和谐、民主融洽的师生关系

教师不仅是知识的传播者、智慧的启发者，更是精神的熏陶者、人格的影响者、道德的体现者，所以民主和谐的师生关系是培养学生的创新精神和实践能力的肥沃土壤。教师应尊重学生的自尊心，要注意培养和保护学生的自尊意识，小学生如荷叶上的露珠，天真无邪，却又很脆弱，他们的内心是极其脆弱的，所以，哪怕是一年级的学生，教师也应该尊重其自尊心。在教育中，我们倡导对学生赏识和鼓励，教师可通过语言、手势、微笑等方式肯定学生或用评语来沟通师生的感情，融洽师生关系。尊重学生的个性，对学生不抱有偏见，以发展的眼光客观、公正地评价每一位学生，使学生的个性不受任何约束，并最大限度地发挥出来，这样，学生才会"亲其师，信其道"。只有这样，才能发挥其主体的能动作用，与此同时，教师才会受到学生的尊敬和爱戴。由此可见，只有建立师生间和谐民主、融洽的关系，互相理解和尊重，才能充分发挥教与学的能动作用。

助学课堂让评价促进学生发展

基于小学英语关键能力的1+X课程的开发，旨在努力让英语课堂教学从课文走向课程，从学科教学走向学科教育。课题组通过1+X课程让学习者阅读增量、让英语教师课程能力提升，使得语言学习更加有效，凸显了语用效果。1+X课程的实施加深学生对英语课文的学习以及感悟，使得他们依据自身的教学评价，来不断地调整和优化自己的学习方法和学习策略。在这一过程中，1+X课程的评价策略合理地融入学生的学习体验中，让学生在学习和接收新知识的同时，不断地增强自信心，并激发和培养其学习兴趣，切实有效地提高他们的语言学习能力和使用能力。

一、基于英语高级技能的评价策略的研究

1. 1+X课程的高级技能评价之一：英语阅读技能的评价

英语阅读技能的学习属于高级技能的学习，阅读技能教学的主要目标就是使学生掌握基本的阅读技能和阅读理解能力。因此，1+X课程实施者采用选择题、完形填空、阅读短文然后回答问题、阅读短文然后写摘要等练习形式，以全面测试学生的阅读技能和对词、句、篇的理解能力。H.S.麦迪逊认为，评价阅读的核心就是评价阅读理解（即阅读理解能力）。据此，评价时，1+X课程实施者关注学生在词汇、句子和语篇理解的准确率是否达到教学目标的基本要求。

2. 1+X课程的高级技能评价之二：英语写作技能的评价

英语写作技能的学习也属于高级技能的学习，其中包括书面造句的基本技能和书写动作技能的学习。就小学中、高年级英语写作而言，1+X课程实施者采用看图作文、根据提示写短文等试题形式。在评价作文时，我们的教师会迅

速阅读每篇作文以获得一个整体印象，然后他们依据这个标准逐一（从主题内容、词汇运用、语法等方面）进行评分。例如，在评价学生的作文时，从文章的组织、词汇、文体、思想、语法、写作手法等方面进行独立评分。

二、基于激发和维持学习者学习英语的兴趣的情感评价策略的研究

如果一个学生在连续地受到鼓励和指导的情况下，频繁地参与到学习任务当中，并且保持这种参与性，那么教师就可以认为这个学生具备了学习兴趣。因此，1+X课程的情感评价目标主要是让学生体会到学习英语的乐趣，激发和培养他们学习英语的内在动机，从而使他们形成学习英语的积极态度。

1. 1+X课程的情感评价之一：建立平等民主的师生关系

1+X课程的实施者努力成为语言学习者的合作者，与学生一起交流、一起探究，与学生一起共建有利于个性发展的课堂氛围。在教学环境中，心理环境起着极为重要的作用。为了营造有利于学习的心理环境，我们尊重学生的人格，尊重学生的思想、观点，尽可能地使用鼓励性语言，进行激励性的评价，使学生愉快地投入学习。同时，对学生有积极的"教师期望"并通过自己的言行有效地表达自己对学生的期望，静心等待"皮格马利翁效应"的发生。

2. 1+X课程的情感评价之二：营造愉快安全的课堂学习氛围

斯特维克认为，教师营造的课堂氛围极大地影响着学生的学习动机和学习态度。因此，1+X课程的实施者应换位思考，从学生的角度来考虑学生的需求，注意学生的心理状态。此外，教师还应根据学生的年龄特点和需求，充分利用社会资源，有计划、有组织，创造性地开展内容丰富、形式多样，具有新鲜感和活力的课外活动，如朗诵、唱歌、讲故事、演剧以及创办英语角、英语墙报、校园或班级刊物等，还要举办演讲会、英语演出会、英语主题班会、英语作品展示会等，激发和提升学生学习英语的兴趣，丰富其语感，开阔其视野。

3. 1+X课程的情感评价之三：建立学生英语学习共同体

1+X课程倡导在校园建立英语学习社团，组织志趣相投的学生共同学习。因为一个人即使对某个活动兴致盎然，也会有懈怠的时候，此时，朋友从旁鼓励协助，能形成有效的竞争机制。

三、基于加强语言学习者跨文化意识的理解的评价策略的研究

文化是一个社会群体中各个成员的信仰、观念、风俗、行为、社会习惯等的总和，是同一个环境中的人们所具有的"共同的心理程序"。不同的群体，不同的国家或者地区的人们，这种共有的心理程序之所以会有差异，是因为他们接受不同的教育，身处不同的社会，从事不同的工作，从而也有不同的思维方式。

1+X课程的评价体系在课堂教学活动中对以下几个方面进行了观察：自然环境、生产生活、谦辞、个人隐私、宗教信仰、历史典故、思维方式。对于1+X课程的语言学习者来说，这些方面的学习有利于他们更好地了解世界，学习先进的科学文化知识，传播中国文化，增进与各国青少年的相互沟通和合作，还能为他们今后提供更多的接受教育和职业发展机会。

1. 1+X课程的文化评价之一：充分挖掘和利用教材，学习文化知识

在1+X课程的实施过程中，我们不仅重视对语言知识的讲解传授，还关注教材中隐含的文化现象和文化知识，向学生介绍相关的内容，将语言教学和文化教学有机地结合起来，让学生多了解东西方文化的异同，如称谓、电话用语、道谢、赞扬、致歉等方面与中国人表达的不同之处。我们还就课文中提到的典型的西方文化进行一定的拓展和延伸。

2. 1+X课程的文化评价之二：合理创设情境，营造文化氛围

语言是交流的工具，和谐自然的交流基于一定的情境。1+X课程在实施过程中，课题组的成员主动创设真实合理的情境，促进学生机积极参与合作，让学生在体验文化交流的过程中，逐步形成跨文化交际的能力，增加对世界文化多元性的了解。针对小学生善于模仿，对表演也有着浓厚的兴趣的特点，所以在教材或阅读中出现反映文化差异的内容时，我们鼓励学生进行角色扮演，逐步加强其结合社会文化背景，恰当使用语言的意识，创造良好的英语学习氛围。课题组还充分利用教室的"墙文化"为教学服务，确定主题让学生制作英语小报，画世界著名建筑，做个人学习成果展示。在这样的环境下，学习者仿佛置身于异国之中，切身体验到了国外的民俗民风、自然景色和历史文化。

3. 1+X课程的文化评价之三：立足真正的交流，感受文化差异

1+X课程的实施过程中，我们发现free talk环节能真正体现交流，不失为师

生间自主、自由交流的"宝地"。在free talk时，我们有意识地交流。例如一次研究课上，我们的一位老师为了拉近和学生间的距离，她自我介绍说：I'm your new English teacher today. You can ask some questions about me. Who can try? You，please. Good boy. 一个学生问：How old are you? 这位教师稍稍犹豫地说：It's a secret。在西方国家，问别人，特别是女士的年龄是很不礼貌的行为。我们的学生并不了解中西方的差异，但是通过与教师的交流，得到这样的回答，学生就能自然地感受到教师没有告诉他年龄的原因，也就不会继续问这个问题了。在free talk 时，教师还经常表扬学生：Your dress is really beautiful. Your bag is big and lovely.有些学生沿袭我们中国人事事谦虚的特点回答道：No.教师反问学生：Look at my dress. Is it beautiful? 学生一般会回答：Yes，it's very beautiful. 教师答：Thank you. 通过这样的交流实践，学生逐渐感受到中英文化的差异，为形成初步的跨文化交际能力做准备。

第四章

1+X课程的优秀课例

　　基于小学英语学科关键能力的1+X课程，我们探索了多种课型，如1+X语音课、1+X写作课、1+X活动课等。特别对于常见的1+X阅读课，我们付出了更多的时间与精力。课题组在理论指导下进行实践，每个课例都经历了集体备课、试教、集体评课、二次备课、再试教，最终形成了比较成熟的课例。现择部分优秀课例呈现给读者，以供借鉴。

1+X课程实施案例（一）

【课程内容】

译林版英语三年级下册Unit 6 What time is it? +分级阅读。

【设计理念】

基于1+X课程整合篇，在学生已经能够用英语问答时间的基础上，通过新的情境让学生树立正确的时间观，并且在情境中自然融入两篇小故事，一则卡通故事，一则绘本故事，既符合三年级学生的身心特点，又能让学生体会另一种不同的学习方式——泛读。泛读是扩大词汇量，加强语言知识，丰富表达能力，提高表达水平的有效途径，学生在小故事中不仅能学到新词，更能学到一定的阅读策略，为以后的英语阅读做准备。

【教学目标】

1. 语言知识目标

（1）学生通过准时小姐和迟到先生的故事复习单元重点单词和句型。

（2）学生通过两篇阅读理解短文的学习，掌握相应的阅读小策略。

2. 语言能力目标

提高学生阅读的兴趣，提升学生阅读的效率。

3. 情感态度目标

（1）通过准时小姐和迟到先生的情境让学生懂得应该在对的时间做对的事。

（2）通过两篇阅读小故事，让学生喜欢上阅读，并从阅读中获得乐趣。

【教学过程】

Step 1 Warming up

1. Greetings.

2. Free talk.

T: We have learned Unit 6, do you still remember the title?

Ss: What time is it?

T: Very good. When you want to know the time, you can ask ...

Ss: What time is it?

T: And the answer is...

Ss: It's...o'clock.

T: Nice! Look at the clock. What time is it?

Ss: It's 9 o'clock.

T: It's 9 o'clock in the evening. Look at the girl. The big girl thinks it's time for bed, but the big boy thinks it's time for fun. What do you think?

T: Look at this picture. What time is it now?

Ss: It's ten o'clock. It's time for class.

T: But the big boy is late. We should do the right thing at the right time.我们应该在对的时间做对的事。

T: Look at this picture. It's 12 o'clock. It's time for class. The big boy has some questions, can we help him?

设计意图：通过准时小姐和迟到先生的生动有趣的情境复习旧知给学生更多的新鲜感，学生也能够通过他们对时间的态度来反思自己的时间观，进而树立正确的人生观和价值观。

Step 2 Learn the first passage "The comics"

1. Read and order.
教师让学生边读边排序，要求关注时间的先后顺序。

2. Read and check.
集体对照文本，校对。

3. Read and answer.

Q: Is Bobby late for school today?

设计意图：在第一篇课外阅读的教学中，教师让学生排序，目的是让学生通过看图或浏览文本的方式形成正确的故事逻辑，通过声情并茂的阅读体会句子的意思，最后的问题让学生找到依据，渗透阅读小策略。

Step 3 Learn the second passage "It's time to sleep "

1. Read and circle.

Q: What animals are in the story?

2. Read and answer.

Q1: What does Dog want to say?

Q2: Why does Dog stop saying?

设计意图：第二篇课外阅读的内容是天黑了，热心的小狗叫动物小伙伴们睡觉的故事，圈动物圈单词，就是单词形义的结合。最后两个问题的设计是让学生们学会阅读故事，观察句子，并渗透一些科普小知识。

Step 4 Homework

1. Find out more information about me.

去读读关于我的书吧！

2. Take notes.

学到的新英文要记录下来，积少成多哦。

教学反思

准时小姐和迟到先生人物来自真实的生活，学生会自然而然有一定的代入感，会反思自己，绘本故事的呈现出现在迟到先生和准时小姐的课堂学习中，学生们非常想看看他们读的书，那么绘本故事就很自然地出现了，带着这样的好奇，学生有一种主动学习的欲望，绘本的选择上基本句型重复很多，所以难度不是很大，但涉及很多动物的名字，通过图片和生活经验读懂文本，最后在文本的基础上提出带有一定科学性的小问题，学生在这样的 1+X 的课堂学习中能学到新单词，学到地道的英文表达，学到英文口语，学到阅读方法，这也是我们做这个课题的目的。

（案例提供：尧塘中心小学　耿钰钰）

1+X课程实施案例（二）

【课程内容】

译林版英语四年级下册Unit 5 Seasons checkout time+分级阅读。

【设计理念】

本节课的教学是基于译林版四年级英语下册Unit 5 Seasons展开的课外阅读教材，旨在复习巩固本单元关于季节的天气和活动类短语，激发学生的阅读兴趣，培养学生的阅读能力，使其掌握一定的阅读策略并加以运用。同时，拓展一些活动类的短语，丰富学生的语言，提高其语用能力。

【教学目标】

1. 语言知识目标

（1）学生能熟练掌握有关四季的天气和活动的短语。

（2）学生能掌握一些基本的阅读策略。

（3）学生能与他人合作，尝试去读一些生词。

2. 语言能力目标

培养学生的阅读能力，使其掌握一定的阅读策略并加以运用。

3. 情感态度目标

学生能通过对季节的学习更加热爱四季丰富多彩的生活。

【教学过程】

Step 1 Warming up and leading in

1. Enjoy an English song *Season's song*.

T: What's the song about?

S: Seasons.

T: So today our topic is seasons.

2. Free talk.

T: Which season do you like?

S: I like＿＿＿＿＿.

T: Why?

S: Because it is＿＿＿＿. I usually＿＿＿＿in＿＿＿＿.

3. Review story time（The seasons in children's eyes）.

T: Today we'll talk about different seasons in different people's eyes. First let's talk about the seasons in the children's（Yang Ling and her friends'）eyes.

Work in groups.四人一组，根据图片提示，用自己的方式每小组表演诗歌。

In ＿＿＿＿＿, it is ＿＿＿＿＿. They ＿＿＿＿＿. They ＿＿＿＿＿.They like＿＿＿＿＿.

学生以小组的形式汇报表演。

4. Checkout time （The seasons in the little boy Tony's eyes）.

T: Then let's talk about the seasons in a little boy's eyes. Look at the little boy. His name is...

（1）Look, match and say.

Work in pairs.同桌两人合作，连线并说一说Tony的四季活动。

（2）Check the answers.

It's spring. It's warm. In spring, I fly kites.

It's summer. It's hot. In summer, I eat ice creams.

It's autumn. It's cool. In autumn, I go climbing.

It's winter. It's cold. In winter, I make snowmen.

设计意图：通过歌曲和free talk导入本节课的主题，可以拉近师生之间的距离，营造轻松愉悦的氛围，同时复习story time（四个季节的天气以及相关活动）。另外，笔者结合本节课的主题进入checkout time板块学习，让学生通过look、match and say来复习本节课的相关内容。

Step 2 Before reading

T: Let's share the story *The seasons in Bunny's eyes*.

1. What do you want to know from the story?

2. Read about the cover.

3. Skim and order. 快速阅读绘本，将十幅图按正确的顺序排列。

4. Check the answers and tell the reason.

设计意图：在进入故事学习之前，教师鼓励学生对文本故事进行自主提问，推测信息，培养学生的多元视角，激发学生的阅读欲望。同时，引导学生整体感知故事内容。通过看图读文，让学生给图片排出正确的顺序，并阐述这样排序的原因，培养学生的观察能力和思维能力。

Step 3 While reading

1. Read page 1.

T: What do you know from the picture?

Who?　　　Nicolas.　　　　　The mother bird and the baby birds.

Where?　　Live in a hollow tree.

　Learning tip1：读英文绘本时一定要读图哦！It can help us a lot!

设计意图：此环节让学生自主阅读绘本第1页，自主谈论绘本内容，老师适时进行适当的引导，这样做不仅能激发学生的阅读兴趣，而且能调动他们的积极性，同时令他们印象深刻。学生们在获得知识和成就感的同时，也培养了独立阅读的习惯。

2. Read page 2 to page 10.

T: In how many parts can we divide them? Why?

Ss: We can divide them into four parts.

Because of the four seasons.

Part 1: Page 2 and page 3.

Part 2: Page 4 to page 7.

Part 3: Page 8 and page 9.

Part 4: Page 10.

3. Read page 2 and page 3, and try to answer the questions.

T: What season is it?

S: Spring.

T: What does Nicola do in this season?

S: Pick the flowers and chase the butterflies.

4. 图文结合，详细解读文本。

（1）In the spring, I like to pick the flowers.

T: What's in Nicolas' hand?

B: A yellow flower.

T: How are the flowers?

B: They are beautiful.

T: Does Nicolas like the flowers?

B: Yes, he does.

T: How can we read this sentence?

B: Happily, warmly ...

（2）I chase the butterflies and the butterflies chase me.

Chase: following something in order to catch it.

T: What can you get from this sentence?

S: Nicolas and the butterflies like to play with each other.

（3）Summary: The spring in a bunny's eyes.

Work in pairs and try to retell: In spring, it is_____ . Nicolas likes to_____ .
Nicolas likes to_____ . He is very_____ .

设计意图：引导学生快速扫读，感知文本。指导学生细读the spring in Bunny's eyes，以学生为本，一步一步地为学生搭建思维的支架，并通过追问、质疑，培养学生的思维能力。

5. Work in groups： 四人一组合作，自主学习第4页至第10页。

引导学生思考：How to learn in groups by yourselves?

（1）Read, circle and underline the key points.

Learning tip 2： 当我们遇到生词（不会读或不理解）时，应该怎么办？

a. 根据发音规律尝试读　　　b. 看图或联系上下文猜测

c. 小组讨论　　　　　　　　d. 问同伴或老师……

（2）Finish the mind map, check and report.

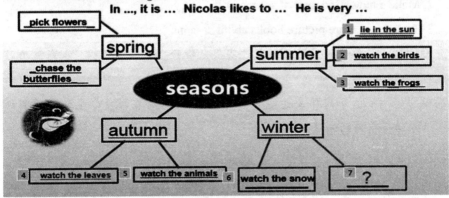

（在汇报环节中，教师可以有针对性地对一些新词的学习进行指导与检验。）

6. 学生对文本进行预测：What else does Bunny like to do in winter?

出示绘本：Where is the Bunny?　What is he doing now?　Why does he have the dream?　引导学生对文本内容进行深度思考。

设计意图：注重引导学生发挥集体智慧，以小组合作的方式完成其他三个季节的学习。通过指导学习方法、完成思维导图和口头表达相结合的方式帮助学生吸收并内化语言，进而提高学生的综合语言表达能力。结尾处设计了一个文本预测环节，充分发挥了学生的想象力，调动学生的积极思维能力。

Step 4 After reading

1. Read the story together.

2. Act the story in groups.

3. Think and guess: What's the title of the story?

4. Summary: What do we learn from the story?

Different seasons, different colours, and we have different feelings.

Love seasons, love nature, and love our life!

设计意图：通过对文本的自主命名，对文本内容的深入思考和对本节课的小结，一步步地引导学生思考，进而在情感方面进行教育与升华：Different seasons, different colors, and different feelings. We should love the seasons, love the nature and love our life.

Step 5 Homework

1. Tell the story to your parents or your friends.

2. Make a new mind map of season or the story.

3. Try to read more picture books about seasons.

设计意图：知识的习得必须通过实践来检验。实践的过程，也是能力习得的过程。通过作业1和作业2，既能在实践中检验学生的学习情况，也能培养学生的语言运用能力和思维表达能力。作业3的设计旨在激发学生的课外阅读兴趣，培养学生良好的阅读习惯。

教学反思

1. 深入挖掘主线，注重课堂主题的提炼

本节课主要从复习story time入手，到checkout time板块的学习再到课外阅读的拓展延伸。环节清晰，过渡自然流畅。 story time谈论Yang Ling、Mike、Su Hai等人眼中的四季，即 the seasons in the children's eyes；checkout time 谈论的是男孩眼中的四季，即 the seasons in the boy's eyes；最后引入课外阅读内容，即绘本故事的学习，谈论的是the Bunny Nicolas的四季活动，即 the seasons in the Bunny's eyes。通过他们眼中的四季，从而提炼出本节课的主题内容：the seasons in our eyes。不同的人眼中的四季既是不同的，也是相同的。

2. 精心设计环节，注重思维品质的培养

（1）引导学生提问，训练发散思维

发散思维是一种沿着各种不同的方向去思考，去探索新的远景，去追求多样性的思维。敢于向老师提问，并有能力向教师提出高质量的问题，是学生思维品质提升的体现。启发学生发现问题、提出问题，是培养思维品质的课堂所需要的。在本课中教师向学生呈现了绘本的封面，引导学生观察封面的同时，向学生提问：What do you want to know from the story? 这一引导学生提问的环节，意在启迪学生质疑，引发学生对绘本的内容进行自我预测与思考，训练学生的发散思维。

（2）指导学生读图，训练形象思维

形象思维是以直观形象和表象为支柱的思维过程。小学阶段的学生以具体形象思维为主，培养和训练学生的形象思维对于他们的思维发展具有重要意义。教师向学生呈现绘本的插图，引导学生观察图片，获取图片中传递的信息，了解图片中的语言情境，大胆猜测，引发学生思考，促使学生利用所学的语言知识对图片进行描述，培养其形象思维。本节课中的绘本故事的学习，笔者用精美的绘本图片，引导学生细致观察，不仅有助于深入理解文本，而且可以有效发展他们的形象思维。本节课中在第1页绘本的学习中，我们不仅从文字中读出了Who is the bunny和Where does the bunny live，还从图片中读出了The mother bird is feeding a worm to her three baby birds. Maybe she loves her babies very much， just like our mothers like us。本节课的课外阅读材料是绘本，诸如此类的地方还有很多。

（3）构建思维导图，训练逻辑思维

学生通过思维导图，不仅有利于把握文本的逻辑结构，厘清繁多、零乱的信息，也有利于培养学生思维的条理性及逻辑性。传统的应试型阅读教学侧重于讲解语言知识点，文本理解支离破碎，学生难以整体把握语篇逻辑结构，更谈不上培养语言能力和阅读素养。思维导图、表格和流程图都是高效的学习工具，它们都是用视觉语言呈现知识、逻辑和思维过程，是帮助学生思考、理清思路的导航图。本节课中，对于文本的处理，不是采用传统的方式带领学生一步步阅读文本，而是放手交给学生，让学生自主阅读并完成关于故事内容的半开放式的思维导图seasons。而课后作业中，对学生提出了更高的要求，让学生选择一个主题：故事或四季，自我设计思维导图。

3. 关注学生体验，注重情感态度的培养

在绘本的教学中，笔者引导学生看图，从谈论图片入手，让学生获得感知。如page 1， "The mother bird is feeding her three baby birds. She likes her babies very much." 又如page3， "I like to chase the butterflies and the butterflies like to chase me." From this sentence， we know Nicolas and the butterflies like to play with each other. Maybe they are good friends.

再如，在学习完绘本之后，笔者抛出问题：What do you learn from this

lesson? 让学生在思考归纳本节课的学习内容的同时，也让学生谈谈收获，谈谈自身的情感体验等，从而进入主题情感的总结提炼，使得学生的情感得到进一步的升华：Love seasons, love nature and love our life。

（案例提供：涑渎小学　汤　瑛）

1+X课程实施案例（三）

【课程内容】

译林版英语四年级下册Unit 5 Seasons checkout time+分级阅读。

【设计理念】

本课是基于五下Unit 4 Seeing the doctor主题的拓展阅读，以三个外星小朋友去医院看病为主要情境展开教学，引导学生树立正确的预防疾病的意识，促进学生养成良好的卫生习惯。

【教学目标】

1. 语言知识目标

使学生能听读，会读，会说syrup、needles等单词，并会用should/shouldn't给出建议。

2. 语言能力目标

使学生能综合运用语言，并根据不同情况提出合理的建议。

3. 情感态度目标

培养学生树立正确的预防疾病的意识，养成良好的卫生习惯。

【教学过程】

Step 1 Warming up and leading in

1. Sing a song: *If you are happy*.

2. Play some games.

（1）Brain storming：说出疾病类单词。

（2）Act and say. 说出句子，并演一演。

设计意图：通过歌曲缓解紧张的氛围，拉近师生的距离。紧接着用两个简单的游戏巩固本课语言知识并活跃课堂气氛，使学生以放松的身心状态进入本节课的学习。

Step 2 Review and checkout time

1. It is really easy to get sick in spring. The doctors are very busy in the hospital. 带领学生观察几个诊室，看到Su Hai、Mike和Tim。

2. What's wrong with Tim?

Listen and choose.

Can you give more advice to Tim?

设计意图：带领学生参观几个诊室，分别见到了Su Hai、Mike和Tim。利用Su Hai与Mike进行Story time主要内容的复习，并利用Tim引出checkout板块。并利用Can you give more advice to Tim? 打开学生的思维，让学生将所学综合运用并输出。

Step 3 A new story： Going to see the doctor

1. It is really easy to get sick in spring. So do the aliens. Look, aliens are coming.

2. Know the aliens: Ola, Lele, Laki.

3. Where do they go in the story?

4. Guess and listen: What's wrong with them?（Maybe...has...）

5. Why are they happy now? How does the doctor help them?

6. Read and choose the right advice.

7. Act in pairs.（Choose one alien to prepare.）

8. It's painful to be sick. Let's make a health care card to prevent getting sick.

9. Work in four to make the health care card.

10. Give a report about your health care card.（Work in four, then recommend one student to report.）

设计意图：此环节通过带领学生参观各个诊室，巧妙地将复习与新授连接了起来。春季是人非常容易生病的季节，外星人也不例外，因此也自然过渡到课外读物Going to see the doctor的学习。学生们在真实自然的情境中运用语言、输出语言,真正做到说自己所见、说自己所想。

Step 4 Homework

1. Search the Internet for information on spring infectious diseases such as Norovirus, chicken pox and so on.

2. Make them into health care cards, put them in our class.

设计意图:作业是对课堂学习的补充和延续,学生在课堂上学习了一些普通疾病的预防与治疗方法,课后布置学生去查找一些春季传染病的预防与控制方法,是对课堂学习的有效补充与延续。学生在搜集资料、整理及与同伴的交流过程中,对春季一些疾病的预防与治疗的印象将非常深刻。而这些也将真正引导学生养成良好的卫生习惯,远离疾病。

教学反思

"1+X"中的"1"是教材上的文本, "X"则是教者根据教材主题选择的相关补充材料。这个材料可以是绘本、新闻等一切与主题相关的文本材料。在选择和处理材料时一定要牢牢把握这几点:课外阅读材料的拓展并不仅仅是为了拓展几个单词、学习一个新的语法,而是重在让学生在阅读中产生自己的独特体验。我们要改变学生跟着老师学的情况,要放开所谓的正确答案,要引导学生思辨,要让学生主宰自己的思想。

(案例提供:河滨小学　曹　静)

1+X课程实施案例（四）

【课程内容】

译林版英语五年级下册Unit 5 Helping our parents Checkout time+分级阅读。

【设计理念】

本单元围绕孩子帮助父母做家务的话题，呈现了现在进行时的特殊疑问句和肯定句的用法。本节课checkout time旨在复习巩固本单元重点句型。同时，加入绘本Fat Cat's busy day的阅读，结合1+X课程实施要求，将基础知识和课外阅读相结合。重点培养学生的思维能力和自主学习能力。

【教学目标】

1. 语言知识目标

使学生能独立完成checkout time中的练习。

2. 语言能力目标

使学生熟练掌握现在进行时态的结构及变化规则，在一定的情境中正确表达、交流。

使学生能运用所学句型讨论绘本中的内容。

3. 情感态度目标

学生能够了解单独在家时要注意自身安全，并记住一些重要的号码。

【教学过程】

Step 1 Review and say

1. Brain storming: What can you do to help your parents?

2. Checkout time.

A. Look and write（P44）

T: Our friends like helping their parents, too.

Shall we go and have a look?

设计意图：通过询问孩子们在家帮父母做什么家务，复习本单元所学的重点词组和句型。自然过渡到Checkout time中的Look and write部分巩固复习内容。

Step 2 Checkout time

1. T: Mike also likes helping his parents.

We've learned story time. It is about...

Ss: Mike's family's Saturday.

T: What do they do?

Ss: They do housework.

T: In the daytime（白天）, the children help their parents do housework.

2. Checkout time.

B. Listen and number.（P45）

T: In the evening, they usually relax themselves at home.

Let's listen and number.

3. Pair-work.

用Helen is in...She's...等相关句型和同桌说一说吧！

4. Let's say.

It is Saturday evening. Mike's family are at home. Mike is in _____. He is _____. Helen is in _____. She is _____. Their parents are in _____. They are _____. Tim and his dog Ben are in _____. Tim is _____. Ben is _____.

5. Discuss in groups.

What do you think of Mike's family's day? Why?

设计意图：结合Story time中麦克一家的活动，自然过渡到Checkout time中的Listen and number环节。接着，学生用已学的重点知识来讨论图中人物的活动，进一步了巩固本单元的重难点知识。

Step 3 Picture book Fat Cat's busy day

1. Show the cover.

Title: Fat Cat's busy day

Writer: Maria Cleary

设计意图：引导学生观察封面图片，从绘本的封面发掘关于绘本的重要信息。

2. Look and learn.

（1）T: What's that noise?

Noise: A.噪音 B.声音

（2）Look and say

T: Let's have a look.

Ding! It is 7: 30. Everyone is busy.

Q: What are they doing?

Mum is... Dad is... Emily is... Baby is...

Q: What is Fat Cat doing?

He is...

设计意图：通过一声噪音，吸引学生们去看看究竟是什么声音，很好地调动了学生们好奇心。接着给出一家人早晨忙碌的图片，学生用本单元重点句型描述人物的活动。然后把学生的目光拉到主人翁Fat Cat身上，孩子们发现猫在睡觉，对它有了一个初步的印象。

3. Listen and find.

Q: What are they doing?

Mum... Dad... Emily... Baby...

Q: What is Fat Cat doing?

He...

Q: How is Fat Cat?

He is...

设计意图：学生带着任务听录音，找出第二幅图中人物的活动。接着，学生们又发现猫还在睡觉。在觉得有趣的同时，忍不住对猫有了进一步的评价：懒，爱睡觉，等等。

4. Look and think.

（1）（突然出现"Bang"一声）There is another noise.

What's that noise?

What does Fat Cat do?

What does Fat Cat watch?

（2）Listen and answer

What does he do?

Why is he in the room?

If you're Fat Cat, what will you do?

设计意图：又一个噪音出现了，学生的好奇心又被调动起来了，发现原来是小偷在家里。学生们开始讨论猫会怎么做。有的学生觉得它会挠小偷，有人觉得它会继续睡觉。这个环节很自然地引导了学生们运用批判性思维去看待事物。

5. Read（P16—P23）and order.

（1）Order and check

（2）Read and act

Fat Cat:	The thief:
pull the wool around the room	fall down
tie the thief up	can't move

设计意图：学生表演猫抓小偷的环节，很有趣，学生能加一些自己已学的句子，很巧妙地将所学内容灵活运用起来。

6. Look and think.

What do you think of Fat Cat?

If you are home alone, what will you do if you meet a thief?

设计意图：随着剧情的反转，学生们开始用自己的语言来夸奖Fat Cat。自然而然地开始讨论如果自己一个人在家遇到这样的情况会怎么办。教师适时渗透一些安全教育的内容。

7. Useful numbers.

110   119   120   114   122

设计意图：安全教育的同时，可以再复习一些生活常识。

Step 4 Homework

1. Try to tell your parents the story about Fat Cat's busy day.

2. Help your parents do some housework.

教学反思

本节课在复习第五单元重点知识的同时，加入绘本的学习。结合1+X课程实施要求，将基础知识和课外阅读相结合。重点培养学生的思维能力，观察能力和自主学习能力。前半部分复习的环节，巩固内容略有重复，可以做部分改动或删减。后半部分绘本教学内容，先出示两张一家人早晨忙碌的图进行对比，学生以为Fat Cat是爱睡觉的懒猫。这一环节，图二可以不用听录音，学生直接能在图中找到答案。而且可以一张图详说，一张图略说。在最后Fat Cat抓住小偷之后，学生们纷纷表扬它。笔者觉得可以引导学生去思考，究竟猫是怎么样的？然后得出结论：猫平时爱睡懒觉，但在关键时候还能发挥自己的作用。每个人都有自己的优点也有自己的缺点，不能因为一个优点或者缺点去判断一个人。后半部分学生讨论和思考的环节略显重复，可以酌量删减。

（案例提供：水北小学　庄伟智）

1+X课程实施案例（五）

【课程内容】

译林版英语五年级下册Unit 5 Helping our parents Checkout time+分级阅读。

【教学目标】

1. 知识目标

通过本课 Checkout time的复习，使学生熟练掌握现在进行时的运用。

通过绘本的学习，学生能灵活运用现在进行时的句子以及掌握绘本中的新单词和句子：jam/pot/rug/mug； put...feet up/get...a rug/get...a mug。

2. 能力目标

学生能正确使用现在进行时。

学生能围绕帮助父母做家务活的话题进行熟练谈论。

3. 情感目标

通过本课的学习，使学生明白Doing housework是帮助父母的一种方式，less disservice是帮助爸爸妈妈的另外一种方式。

培养学生帮助父母的意识，并能在现实生活中付诸行动。

【教学重难点】

教学重点：正确使用现在进行时。

教学难点：围绕帮助父母做家务活的话题进行熟练谈论。

【教学过程】

Step 1 Warming up

1. Let's enjoy a video "Doing housework".

T: What is the song about?

设计意图：歌曲调动气氛，让学生进入"家务"的情景教学中。

Ss: Housework

Brain storm.

T: Do you do housework at home? What can you do for your parents?

...

Ss: I can...

设计意图：头脑风暴激活学生的旧知，挖掘学生的最近发展区，为接下来的教学做铺垫。

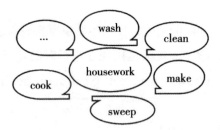

Step 2 Checkout time

1. Ask and answer.

T: Wonderful, you can help your parents, you are all good children, and these kids are great too.

Can you ask and answer "What are they doing now?"

Ss: What's ...doing? /He's/She's...

2. Let's write.

3. Let's guess.

T: Mike is a good child, because he is not only washing clothes, from story time, he helps his parents in the morning and afternoon. What are his family doing in the evening?

Ss: ...is/are..., I think./Maybe ...is/are...

4. Let's say.

T: Are you right? Let's have a check.

Ss: Let's choose one picture to say like this.

It's eight o'clock in the evening, Mike and his family are all at home.

Helen is...

...

He's/She's/They're...

T: So his family is...（happy/warm/full of love）

设计意图：该板块原本是听和排序，基于本课是该单元的最后一课时，笔者做了教学调整，先通过学生的猜激活其思维，再进行语段的输出，以发展学生的语言能力以及语义功能。

Step 3 Reading

1. Let's ask.

T: Terrific, you can describe carefully! We know Nancy is reading a book in her bedroom. She likes reading stories so much.Today she is reading a story about "Getting a job".

T: Show the cover of the story, do you have any questions about it?

Ss: Who are they? What are they doing? What are their jobs? Who gets the job? Who doesn't get a job?

T: Well, you have so many questions about the story, let's read it in details.

2. Let's watch.

Q1: Who are they?

Q2: Do they really get the jobs?

Ss watch and answer.

T:（板书）Yes, they are Biff, Chip and Kipper.

And do Biff, Chip and Kipper get a job?

No, it actually means they try to help their parents.

T: Do you know why? Because their parents are ill. Look at this picture, what's wrong with their mum/dad?

S1: She has a...

S2: He has a ...

T: Therefore "Getting a job" means help their parents at home.

设计意图：学生通过视觉和听觉整体感知文本大意，全语言理论指出英语学习活动在一个整体的语境中完成才最高效，支离破碎的语境不利于学生语言的习得和发展。

3. Let's read.

What are their jobs?

Ss: Biff is.../ Chip is...

T: Good answer, so what do you think of them?

Ss: They're helpful, hard-working, good...

T: Yes, they're diligent.

4. Let's match.

T: They are helpful, what about Kipper? What's his job? Let's match the picture and the sentences.

Ss try to match.

T: What's your idea about picture1? Kipper is trying to do something, so you say "Kipper is having a job".

And you see a big pot in Picture 2, you choose "He is getting a big pot of jam." Do you know jam?

Ss: Yes.

T: I like tomato jam best, which jam do you like best?

How about picture 3? You see many sandwiches, so you think "Kipper is making sandwiches."

And the last picture we choose "He is making jam sandwiches."

5. Let's make a dialogue.

T: Kipper makes a lot of sandwiches, he gives them to his family. Look, they are eating the sandwiches in the living room. What are they saying?

Can you make a dialogue? The following sentences may help you .

Hi, dad, are you OK now? / I have many sandwiches, try one, please./ Em, It's yummy./ You're a good cook now./ Mum, the sandwich is really nice, I like the jam, do you like it? / This is strawberry jam, I like it too./ Are you better now? / Em, you are all my good children....

Ss: Choose one scene to make a dialogue.

T: Look at these two picture is Kipper eating the sandwiches?

Ss: No.

T: But look at Kipper here, he is eating, and it is a sandwich picnic. Where are Biff and Chip going?

Ss: They are coming to the kitchen.

T: How is the kitchen?

Ss: It's not clean.

T: It's a sandwich mess. What are they doing?

Ss: Biff is... / Chip is...

T: So does Chip say "A big job"? Helpless, can you have a try?

Ss try to read.

T: What do you think of Kipper?

Ss: ...

T: He is not really helpful, he is disservice.

设计意图：进入绘本教学时，在整体感知文本之后教师进行了块状处理，通过Let's read，处理了哥哥姐姐在家中帮父母做了哪些事情；通过Let's match环节让学生学习了主人翁Kipper在家帮忙；通过Let's make a dialogue处理了最后一块Kipper如何与家人分享三明治。笔者选用了不同的人物让学生深入文本学习。

Step 4 Consolidation

1. Let's read.

Ss read the story together.

2. Let's discuss.

T: Show the cover , do they really get a job?

Ss: Yes, because...

T: Does Kipper really get a job? What's your opinion?

Ss: ...

T: Yes, Kipper is willing to help his parents, he makes yummy jam sandwiches, but he makes the kitchen messy, so when he tries to help, he should do things better and do less disservice.

T: Boys and girls, why do you help your parents?

S1: Because they're very busy...

S2: Because they're very tired after work...

T: Why are they so busy and tired?

Ss: ...

T: Because they love the family. And you help because you love them and the family too. （板书）

So especially your mum, and she is the greatest woman in the world.

设计意图：Let's discuss这个环节通过发展学生的思辨能力来深化主题意义，教材中主要诠释了doing housework，主题意义是在家中，作为孩子我们应该帮助家人做些力所能及的家务，而要通过与之联系紧密的绘本教学，学生明白了，我们帮助父母做事出发点是好的，但是在做的过程中，我们应该试图去把事情做好，不能帮倒忙。同时育人目的也十分明显。

3. Let's enjoy a video "Mum".

T: Kipper does a lot of things to help his parents, why does he help his parents?

Ss: Because...

T: Yes, your parents love you very much, especially your mum, let's enjoy a video about how great your mum is.

设计意图：通过伟大妈妈视频的观看，教导学生学会感恩和爱自己的妈妈和其他家人。

Step 5 Homework

Try to help your parents do some housework.

Tell the story to your friends.

教学反思

课内外阅读的有效教学，主题深化促进育人目的的达成。

本课时的教学主要是围绕doing housework这一主题，让孩子通过学习能在家帮助爸爸妈妈做些力所能及的家务。此外，笔者通过绘本的教学对文本主题进行了深化。在生活中，做家务是帮助爸爸妈妈的一种方式，与此同时，不给父母添乱，把自己该做的事情做得更好也是一种关爱父母的方式。

课程伊始，笔者运用了歌曲和头脑风暴调动了学生对于旧知的复习，同时也为Checkout time的教学拉开了序幕。在Checkout time的教学，笔者采用了对话、书写、猜和说等不同方式，使得学生能更扎实地掌握和运用本单元的重点"现在进行时"的句子，在情感方面激发学生对做家务的意识，并能为之付出实际行动；在文本中以Helen爱看书为引子导出绘本的教学，在进行绘本教学时，笔者先让学生带着对封面的解读和疑问听故事，让学生带着疑问进行整体感知，之后对绘本进行了分段式的处理，先让学生解决其中Biff和Chip能帮助爸爸妈妈干什么，再通过图文匹配教学主人翁Kipper做了什么，然后通过一起读、猜和讨论解决了最后一个部分。在绘本教学的过程中，通过挖掘文本中的不同点来发散学生的思维以及培养他们的思辨能力，让本课的文本主题得到了进一步的深化，最后教师让学生通过欣赏一段视频进一步感受家庭意识和父母的爱。

但是在教授完本课之后，笔者觉得学生之间的活动单个和两两对话较多；小组之间的活动较少，因此如何有效地实施小组之间的活动还有待思考。

（案例提供：华城实验小学　温贞云）

1+X课程实施案例（六）

【课程内容】

译林版英语五年级下册Unit 8 At Christmas Checkout time+分级阅读。

【设计理念】

在1+X理念指导下，旨在培养学生的批判性思维，培养学生的英语素养，提高学生的综合语言运用能力，呈现灵动课堂。进一步培养学生的阅读兴趣与阅读能力。

【学生分析】

学生对Chirstmas已经有了比较透彻的了解，知道其相关的活动。

学生对语法点first、next、then、finally可以熟练运用，以此来描述他人的课后生活。

【教学目标】

1. 知识目标

学生能根据图片用first、next、then、finally来复述圣诞活动。

2. 能力目标

学生能用first、next、then、finally来描述杨玲的课后生活。

3. 情感态度目标

学生能理解课外阅读，并透彻理解感恩节的含义。

【教学过程】

课前播放感恩节视频，让学生了解感恩节。

Good morning, class. I'm happy to be your new English teacher today. How are you? Nice to meet you.

Step 1 Let's talk

T：Christmas is coming. Do you like Christmas? What do people usually do at Christmas? 学生用first、next、then、finally来简单描述圣诞节。接下来呈现聚餐图片。Look. People get together at Christmas and they are very happy. So Christmas is a day for family.

设计意图：利用大家熟知且感兴趣的圣诞节进行导入，学生用first、next、then、finally来简单介绍圣诞节活动，为下面的学习做铺垫。

Step 2 Order and say

T: What about Yang Ling? Does she have Christmas too? Let's have a look. Oh, no. Yang Ling comes home from school. What does she do after school? Please open your English book and turn to page 87. Order the pictures according to the time. Are you OK? Let's check the answer. Using first, she... Next, she... Then, she... Finally, she...

设计意图：从第一人称到第三人称单数的转换，从易到难，使学生注意使用第三人称单数进行语段的输出，进一步操练巩固句型。

After school, Miss Li asks the students to find more about festivals. So she is reading a storybook about Thanksgiving.

Step 3 Storybook—Together for Thanksgiving

Before-reading:

T: Look, this is the storybook and its name is Together for Thanksgiving. Look at the cover, what can you see?

S: I can see many people.

设计意图：书的封面往往会传达出很多的信息，所以通过封面解读，学生可以猜测书的内容。既培养了学生的想象能力，也培养了学生的读图能力。

While-reading:

T: Yes, we can see many people. They get together at home. What do they do together? Guess.

S: Maybe, they...

T: Now, please open your storybook. Let's listen and read. And try to put the pictures in the right places. Are you ready?

A: Go for dinner

P1.Now, let's read the story together. Let's read P1 first.

Teach: plane一起读一读P1。边贴板书边陈述: Thanksgiving is a reunion day.

B: At dinner

P 2—P 3: What do they have for dinner? Please read P 2—P 3and circle the food.

Teach: turkey（oven烤箱）, stuffing, sweet, potatoes, carrots

带着学生读一读以下两幅图。

A turkey is cooking in the oven.
The table is set.
Everybody brings a dish.
It will be a great Thanksgiving dinner!
Open the door!
Come on in!

Aunt Amy brings <u>stuffing,</u>
and Uncle John brings
apple pies.
Grandma makes
<u>sweet</u> potatoes.
Mary brings carrots.
So many good things to
eat!

边写板书边陈述：Thanksgiving is a sharing day.

P4：What do they do at dinner?（先呈现句型，再呈现疑问词。）

Look, they all sit down to eat. Can they eat now? What do they do first? Read P4 and underline.

S：读一读画线的句子。

拓展：1. My friends are thankful. Because they always help me. What about you?（根据学生反应，教师可以做示范）What do you want to say? 边写板书边陈述：So，Thanksgiving is also a thankful day.

设计意图：带领学生阅读学习感恩节的内容与活动，感受感恩节的含义。在让学生想象感谢语的这一步骤中，学生的开放性思维得以提升。

C: After dinner

P5—P6 What do they do after dinner?

T: Now, dinner is over. What do they do after dinner? Please read and say.

教师示范：clean up.

T: How is Thanksgiving day?

It's a _____ Thanksgiving day.

Step 4 After-reading

1. Let's retell the story together.

继续完善板书，贴上first 、next、then、finally。

2. People get together at Christmas. People get together at Thanksgiving. There are also many other festivals for family. Let's enjoy more festivals.

Step 5 Homework

1. Read the story after class.

2. Share the story with your friends using first, next, then, finally.

3. Write down your favorite festival using first, next, then, finally.

教学反思

本节课的优点在于前后衔接紧密，利用当下的节日来引导学生学习。将课程放在大情境下，达到课内与课外的结合。并且在实际教学中，在一定程度上体现了生本理念，依据教学目标，通过不同的任务、不同的教学与学习方式来学习文本。但缺点在于教师一直牵着学生，没有给予学生完全的主动权，放手让学生自己去阅读，去尝试理解文本。且给一节绘本课赋予了精读课的特征。学生小组活动太少，主要是学生个人的活动太少，学生的积极性没有被充分地调动。

（案例提供：河头小学　胡 艳）

1+X课程实施案例（七）

【课程内容】

Two stories about healthy eating.

【设计理念】

本节课的教学是基于译林版四年级英语下册Unit 5 Seasons展开的课外阅读，旨在巩固复习本单元关于季节的天气活动类短语，激发学生的阅读兴趣，培养学生的阅读能力，掌握一定的阅读策略并加以运用。同时，拓展有关季节的服装、食物以及景物特征等说法，丰富学生的语言，提高其语用能力。

【教学目标】

1. 语言知识目标

（1）通过一篇绘本的教学，进一步引导学生操练巩固和饮食相关的句型。

（2）在本单元所学句型的基础上进行相应地拓展。

2. 语言能力目标

通过阅读，培养学生的阅读能力，注重对阅读策略的引导。

3. 情感态度目标

（1）通过阅读，达成让学生热爱阅读这一情感目标。

（2）结合阅读材料中的健康饮食这一主题，引导学生养成良好的饮食习惯。

【教学过程】

Step 1 Warming up

1. Free talk.

What do you have for breakfast/lunch/dinner? Is it healthy?

Does...have a healthy diet? Why?

2. Lead in.

T: Today I bring you some new friends. Look! Who are they?

T: Yes. They are a large family. What do you think of them?

S: They are fat/lovely/cute.

设计意图：Free talk板块旨在复习本单元主要词汇和句型，铺垫本课内容的教学。

Step 2 Presentation

T: Today, we will enjoy the story : Go on a diet. Look, what information can you get?

S: ...

T: Yes. Look, this is the title of the story and this is the writer of the story.

1. Enjoy the story.

T: They are fat so they went on a diet. Are they successful at last?

Let's enjoy the story together.

设计意图：先引导学生整体感知故事内容，并在这个过程中捕捉文章的关键信息：Are they successful? 并引导学生习得"结合图片，获得信息"这一阅读策略。

2. Read and find.

T: How do they go on a diet? Let's read it carefully and find out.

Check the answers:

How do they go on a diet? How do you know that? Try to find the key sentence.

T: When you read a new story, you will meet some new words, what will you do?

S：和同学讨论，问老师，查字典，联系上下文猜测……

T: Great! Try to use them well.

设计意图：引导学生仔细阅读，并运用一些tips帮助学生掌握阅读策略，激发学生阅读兴趣，提升阅读能力。

3. Talk in pairs.

T: Why did they fail at last? Try to discuss with your partners.

T: Mrs. Large had an excuse for their failure, what is it?

What do you learn from the story?

设计意图：小组合作，讨论他们失败的原因。本环节的设计给了学生思维的空间，激发和培养学生的想象思维，在情境中巩固相关句型的输出。同时，在无形中进行情感渗透：Go to the last mile and enjoy the victory.

Step 3 Story 2

1. T: Healthy eating is really important for us. Mrs. Black wants to have a healthy eating too. Let's listen and match: What does Mrs. Black eat for her three meals every day?

2. Listen and match.

设计意图：通过这一任务，引导学生带着任务大致浏览文本，初步感知故事的内容。

3. Let's talk.

T: Is Mrs. Black's diet healthy? What's the doctor's advice?

Talk in groups: What is a healthy diet?

设计意图：仔细阅读，进一步了解Mrs. Black的饮食，并给出自己的看法。既培养了学生的阅读能力，又激活了学生的思维，丰富了阅读兴趣。

4. Try to design.

T: Now it's your turn to design your healthy diet and write it down.

Show in class.

设计意图：运用所学内容设计自己的健康饮食表并进行展示，让所学内容在情境中输出，提升了综合语言运用能力。

Step 4 Homework

1. Share your healthy diet to your parents.

2. Tell the story to your family.

教学反思

本课是以a healthy diet为话题展开。通过复习本单元内容，以旧引新，启发对健康的思考。话题贴近生活，学生很感兴趣，能讲的素材较多，有助于打开学生的思维。课堂上多用小组交流的方式，让每个学生都有展示的机会。在课外阅读教学时，注重学生的语言输出，多采用小组讨论、问题导入、归类操练等形式组织课堂教学，学生通过自主学习，知识掌握更牢固。

（案例提供：汤庄小学 陆 谦）

1+X课程实施案例（八）

【课程内容】

六年级下册Unit 5（Revision）+课外阅读 （A perfect picnic）。

【设计理念】

本节课的教学是基于六年级下册Unit 5 A party的课外拓展阅读，旨在复习巩固一般将来时态be going to，并了解为野餐所做的一些准备工作，并在此基础上进行写作方法的指导；同时，激发学生的课外阅读兴趣，使其养成一定的阅读习惯，开拓视野。

【教学目标】

1. 语言知识目标

（1）学生能听懂、会说、会读话题和功能：plans。

（2）句型：be going to的一般疑问句和特殊疑问句。

（3）复习：How to prepare a party?

（4）学生会用be going to句型对某件事或某个时间段的规划用写作的方式表达。

2. 语言能力目标

注重阅读策略的教授，并引导学生灵活运用。

3. 情感态度目标

（1）以plans为主线，让学生知道做事要有计划。

（2）通过课外拓展阅读，让学生了解外出准备物品时要有选择，选择自己真正需要的东西。

【教学过程】

Step 1 Warming up and leading in

1. Free talk.

What day is it today?

What's the date today?

What's the weather like today? Is it a fine day?

2. Plan for the lesson.

Guess: What are we going to do at this English lesson?

Show the leaning contexts:

First, we're going to review Unit 5, it can tell us how to make a plan for the party.

Next, we're going to read a new story, then we can know how to plan for the picnic.

Finally, we're going to write a passage, then we can plan for weekend, Children's Day and any other things.

设计意图：通过让学生猜测本节课的学习内容Maybe we're going to...at this English lesson.激发学生的兴趣，鼓励学生回忆日常的学习生活，根据自己的生活认知展开合理推测。这样自然地进入到本节课的学习。

3. Plan for the party.

（1）Plan for Mike's party

When are the children going to have the party?

Who are going to have the party?

Where are they going to have the party?

What are they going to bring to the party?

What are they going to do at the party?

（2）make a summary : How to plan for the party?

（3）Plan for our party.

Our class party

Date/Time:

Place:

People:

...

Tips：四人以小组形式讨论班级派对计划，可一人负责写，其他三人快速思考计划内容。完成计划后，可适当询问其他小组的派对计划。

设计意图：由plan for Mike's party这一教学环节对本单元中的story time进行复习；然后进行小结：How to plan for the party？之后再组织学生之间的小组活动：plan for our party。注重引导学生发挥集体智慧，以小组合作的方式使学生更加积极主动地融入到小组讨论交流中。此外，用口头表达和书面表达相结合的方式帮助学生吸收并内化语言，进而提高学生的综合语言表达能力。

Step 2 Before-reading

1.Look, ask and guess.

Show the cover: From the cover, what do you know?

2. What do you want to know from the story?

Let the students try to ask:

What are they going to do?

Who are going to have a picnic?

When are they going to have the picnic?

What are they going to bring to the picnic?

Let the students try to guess and answer.

设计意图：标题是最先呈现在学生面前的阅读资源，也是对一篇文章的概括。借助标题和图片，引导学生对故事内容进行提问，预测故事内容，既活跃了课堂气氛，又启发了学生的思维，激发了学生的阅读兴趣，这样进入文本的故事学习自然水到渠成。

Step 3 While-reading

分层阅读绘本：

Read page 1 to page 3 and circle: What are they going to bring at first?

（1）Read page 4 to page 6 and answer: Does Andy bring all the things to the picnic at last?

Why? What should Andy do?

（2）Read page 7 to page 8 and think: How is the picnic? Nice./Good./Perfect...

① Name the story.

② Can you give the story a title?

③ Show this title: A perfect picnic.

Why does the writer say it is a perfect picnic?

Not tired, happy, a sunny day, the family get together, choose what to bring and bring what need ...

④ Try to retell the story : fill in the blanks.

设计意图：快速阅读是高年级学生应该掌握的一项阅读技能。通过快速地分层阅读，找到问题的答案，培养学生提取关键信息的能力。然后通过自己给故事取名和作者给故事的命名进行比较，引发学生对问题"Why does the writer say it is a perfect picnic？"的思考。学生通过阅读、思考、分析、判断，加深对文本的理解，从而成为一个主动的阅读者。

Step 4 After-reading

1. Plan for the weekend.

（1）发现问题，寻找方法

T: I want to have a nice picnic too this weekend. Now let's look at my plans, is it perfect?

（出示文本: We're going to bring some food and drinks to the park. I'm going to bring a nice hat. I'm going to bring a camera. ）

让学生读作文，发现其中的问题，并提出相关建议。

（2）Summary: How to write a good passage?

① 注意文章的结构；

② 扩充语句，将文章内容具体化。

2. 学生自主创作，分享优秀作文。

设计意图：学习语言的目的就是运用语言。在了解麦克的派对设计，提炼我们的派对计划，感受了安迪的野餐计划之后，让学生动手尝试写一写自己周末计划。在写作之前，让学生树立起"读者"意识，让学生在看别人的文章过程中，发现一些问题，提出相关问题，交流讨论之后进行总结，从而促使学生更加自觉地规范自己的语言表达，反思检查自己的语言，使学生更真切地感受到把话说清楚、把意思表达准确的同时，适时追求语言的精练、丰富和美丽。

Step 5 Homework

1. Finish the composition.

2. Share your composition with your classmates or parents.

教学反思

1. 以plans为主线，贯穿课堂始末

上课伊始，老师通过让学生猜测What are we going to do at this lesson? 来激发学生思考，由此揭示本节课的主要学习内容：the plan for Mike's party, the plan for our party, the plan for the picnic and the plan for our weekend。本节课的设计有条理，环节清晰，过渡和衔接自然紧凑，以plan为学习主线，也是对一般将来时态的深入学习与思考。学生明确了学习内容之后，对学习的目标也就更加清楚，学习起来也更为轻松。

2. 以生为本，提升学生的思维能力

布鲁姆教育目标分类理论把人的认知思维过程从低级到高级分为六个层次：记忆、理解、应用、分析、评价和创造。在学习过程中，高年级的学生更侧重于"分析与综合"，使意义得到创造化。本课中，学生在理解perfect这个词的时候，综合文本中的信息进行解释，这是一种简单的意义再造。

在"plan for the weekend"这一教学环节中，笔者没有直接叫学生动笔思考写作文，而是给出一个文章的例子，让学生在读的过程中，发现问题，找出问题，从而思考要避免哪些问题。在小组讨论中，学生相互讨论评价中，从而进行总结，在写作时，我们可以遵循哪些方法，应该如何将自己的想法更好地表达出来。评价力是思维的黄金因素，"分析与评价"能力是一种吸收信息、消化信息、分析信息、判断信息、表达信息的综合能力，学生在交换和分享知识、个人观点、个人生活经验感悟的过程中，赋予了思考以活跃、敏捷、持续和多样性想象等最基本的方式，也是学生价值观的雏形。

3. 依托阅读拓展，升华情感内涵

英语课外阅读，不仅承载着语言结构和语言信息，还承载着"以文化人"的育人目标，即语言传递着一定的文化内容和主题意义。笔者在文本主题的引领下，展开语言知识的学习，最后提升文本的育人目标。本单元的内容是讨论派对计划及其活动，增加了一篇课外故事的阅读，两者除了在语言上无缝链接之外，也给予了学生更多的情感关注。通过问题：Does Andy bring all the things to the picnic? 以及追问Why? 让学生陷入沉思。让我们思考外出时，应该带什么，是否应该有取舍。What is the important to us? 也就回到了故事的标题The perfect picnic。让学生着重体会perfect，也能深刻体会到故事进一步要告诉我们的内容。

（案例提供：涑渎小学　汤　瑛）